ERI 독해가 문해력이다

5단계 기본

초등 5 ~ 6학년 권장

정답과 해설

한눈에 보는 정답
상세한 지문·문항 해설

한눈에 보는 정답

1주차

01회 (21쪽)
1 준천 2 ④ 3 ③ 4 가 5 ①
어휘 익히기 ① 1 적성 2 경청 3 물길 4 비용 ② 용

02회 (27쪽)
1 ③, ⑤ 2 ① 3 ⑤ 4 ① 5 ⑤ 6 ④
어휘 익히기 ① 1 역경 2 조절 3 우려 4 부정적 ② 웃는

03회 (33쪽)
1 사이버 폭력 2 ⑤ 3 (1) 4 (1) ○, (2) ○, (3) × 5 ② 6 ⑤
어휘 익히기 ① 1 예방 2 명예 3 홍보 4 허위 ② 정

04회 (39쪽)
1 ③, ④ 2 ①, ② 3 ⑤ 4 ⑤ 5 ③ 6 ①
어휘 익히기 ① 1 우울 2 명상 3 극복 4 마비 ② 첫술

05회 (42쪽)
① 1 시우, 나래 2 ②, ⑤
② 1 (3) 2 ④ 3 인과

STEAM 독해 (47쪽)
1 초승달, 별 2 (1) ×, (2) ○, (3) × 3 초승달 4 해설 참조 5 그믐 6 생략

2주차

01회 (55쪽)
1 ④ 2 자연재해 3 + 4 (3) 5 (2) 6 태풍 이름: 순둥이 / 이유: 우리 집 강아지 순둥이처럼 태풍이 큰 피해 없이 순하게 지나가라고
어휘 익히기 ① 1 제출 2 피해 3 구별 4 기상 ② 발

02회 (61쪽)
1 ③ 2 ⑤ 3 ⑤ 4 ③ 5 온난화가 일어나지 않도록 온실가스를 줄이는 노력을 해야 한다. 6 해설 참조
어휘 익히기 ① 1 재배 2 온실 3 농작물 4 대기 ② 귤

03회 (67쪽)
1 ③ 2 (3) 3 ① 4 (2) 5 ⑤ 6 예 집과 학교의 거리가 아주 멀지 않다면 버스나 자가용 대신 자전거를 타거나 걸어 다니는 게 좋겠어. 그러면 공기 오염을 줄일 수 있을 거야.
어휘 익히기 ① 1 오염 2 발달 3 기념 4 짐작 ② 노

04회 (73쪽)
1 ④ 2 ⑤ 3 ② 4 (2) 5 (2) 6 예 1970년대에는 인구가 크게 증가해서 인구를 제한하는 정책을 썼지만, 2010년대에는 출산율이 떨어지는 상황이라 포스터에 인구 증가 정책을 담아 홍보하고 있다.
어휘 익히기 ① 1 속도 2 역할 3 지혜 4 조사 ② 난

05회 (76쪽)
① 1 (1), (2), (3) 2 나래 3 (3), (4)
② 1 (1) – ㉠, (2) – ㉢, (3) – ㉡ 2 ⑤ 3 (1) 예 개와 늑대의 유전자 차이는 몇 %인가요? (2) 예 사람들은 왜 개를 가족처럼 여길까요?

3주차

01회 (85쪽)
1 ③ 2 ③ 3 ⑤ 4 ⑤ 5 주원, 예은
어휘 익히기 1 1 강화 2 상태 3 사방 4 특성 2 언, 오줌

02회 (91쪽)
1 ② 2 ② 3 ③ 4 ③ 5 ④ 6 ④
어휘 익히기 1 1 천문학자 2 조건 3 맨눈 4 구형 2 별

03회 (97쪽)
1 ③ 2 ② 3 ②, ④ 4 ③ 5 ⑤ 6 ① 물질, ② 혼합물, ③ 불균일 혼합물 ④ 소금물
어휘 익히기 1 1 생물 2 균일 3 액체 4 형태 2 흙탕물

04회 (103쪽)
1 ④ 2 ④ 3 ④ 4 ② 5 (1) ○, (2) ×, (3) ○ 6 이로운, 해로운(해로운, 이로운)
어휘 익히기 1 1 영향 2 배설물 3 악영향 4 보존 2 장

05회 (106쪽)
1 1 (가) 2 ② 3 사전
2 1 (3) 2 ③ 3 (1)

STEAM 독해 (111쪽)
1 ③ 2 70만 800 3 ⑩ 단위 면적당 인구수를 센 시점이 달라서 / 해운대 해수욕장 면적 기준이 달라서 4 우리 동네 주민 수, 우리 동네 전봇대 수, 우리 동네 문구점 수 등
5 ①

4주차

01회 (119쪽)
1 ④ 2 ⑤ 3 ④ 4 코로나19의 전염 우려 때문에 많은 연주자가 한데 모이기 어려워서 5 ① 6 ③
어휘 익히기 1 1 오롯이 2 대면 3 확산 4 협연 2 변하는

02회 (125쪽)
1 ⑤ 2 (1) ○, (2) ○, (3) ○, (4) × 3 ④ 4 휠체어를 타는 것은 아니기 5 ④ 6 (3문단) 말이나 글자로 소통하기 어려운 사람 / (6문단) 단점
어휘 익히기 1 1 유용 2 핵심적 3 소통 4 편견 2 바늘

03회 (131쪽)
1 (1) ×, (2) ○, (3) ○, (4) ○ 2 ① 3 ④ 4 ③ 5 ② 6 아무것도 없음.
어휘 익히기 1 1 무한대 2 질서 3 다큐멘터리 4 운명적 2 좋은 일(복)

04회 (137쪽)
1 ④ 2 이 글의 예상 독자: 같은 반 친구들 / 알 수 있는 부분: 우리 반 친구들은 이 영화를 어떻게 보았고, 내 글을 어떻게 읽을지도 궁금하다. 3 ④ 4 (2), (3) 5 편견을 깨고 자기가 좋아하는 일을 하여 사회적으로 인정받은 사람 6 ④
어휘 익히기 1 1 훌쩍 2 원동력 3 단호하게 4 당당하게 2 다양함

05회 (140쪽)
1 1 ③ 2 사실: ③, ⑤, ⑥, ⑦ / 의견: ⑧, ⑨ 3 ⑧ 플라스틱 쓰레기를 줄이자. / ⑨ 플라스틱 쓰레기를 줄이기 위한 실천 방안 4 ⑧ 5 우리는 플라스틱 쓰레기를 줄이기 위해 노력해야 한다.
2 1 (1) 어린이 (2) 어린이 여러분 2 5학년 친구들 3 (3)

ERI 지수 546 인문 | 역사

가 한양을 가로지르는 개천(오늘날의 청계천)은 조선 시대 백성들에게 소중한 곳이었다. 빨래터가 되어 주고 마실 물을 주었다. 그러나 한양 주변의 산에서 흘러내린 물 때문에 개천은 자주 넘치곤 하였다. 이에 홍수 피해를 막기 위해 조선 3대 임금인 태종 때부터 개천 공사를 하였으나 큰 변화는 없었다. 시간이 흘러 조선 후기에는 인구가 한양으로 몰리면서 문제가 더욱 심각해졌다. 사람들이 땔 감을 얻으려고 나무를 함부로 베어서 산에 있던 흙이 더 많이 쓸려 내려와 물길이 자주 막혔다.
물이 흐르는 길. ➡ 물길이 자주 막혔던 개천

나 그러자 1760년 2월, 21대 임금인 영조는 물이 잘 흐르도록 개천 바닥을 깊이 파는 작업인 '준 천' 공사를 시작하였다. 여기에 필요한 사람은 약 50만~100만 명, 들어가는 비용만 해도 수십만 냥에 이르는 공사였다. 그러나 예상과는 달리 22만여 명이 약 5만 냥의 비용으로 단 57일 만에 성 공적으로 공사를 마칠 수 있었다.
어떤 일을 하는 데 드는 돈. ➡ 영조 때 성공적으로 이루어진 준천 공사

다 이러한 성공을 이끈 영조의 비결은 무엇이었을까? 그것은 바로 백성들의 소리를 경청하고 존 중하는 자세였다. 영조는 공사를 시작하기까지 7년의 준비 기간을 두었다. 그동안 공사를 해야 하는지에 대한 의견을 개천 주변 백성들에게 직접 묻곤 하였다. 하루는 영조가 개천에 나아가 "개 천을 파는 것을 옳게 여기는 자는 앉고, 옳지 않게 여기는 자는 서라." 하였다. 이때 누군가 "공사 를 하고 안 하고는 중요하지 않습니다. 집주인이 자기 집을 잘 지키면 될 뿐입니다."라고 대답을 하였다. 그러자 영조는 비록 다른 사람과 생각이 달라도 자신의 의견을 당당히 말했다며 그에게 상을 주었다. 또 과거 시험에서는 준천의 좋은 점과 나쁜 점을 묻는 문제를 내어 선비들의 의견을 듣기도 하였다. 영조가 이렇게 여러 차례 의견을 물은 이유는 공사에 참여하는 백성들이 힘들어 할 것을 걱정했기 때문이었다. 그래서 대부분의 백성들이 준천이 필요하다고 생각한다는 것을 확 인하고 나서야 공사를 시작하였다.
➡ 영조가 준천 공사를 성공적으로 이끈 비결 ①

라 공사를 시작한다고 하자 한양 사람 외에도 멀리 제주도에서 온 사람까지 공사에 참여하려고 나섰다. 뿐만 아니라 공사에 꼭 참여하지 않아도 되는 상인, 시각 장애인들까지도 함께하려고 했 다. 그러자 영조는 준천 공사에 지원한 사람들의 적성과 능력을 살피고 각자 그에 맞는 역할을 맡 게 하였다. 또 공사가 끝난 후에는 잔치를 베풀고, 공사로 인해 피해를 입은 사람들이 없는지 살폈다.
어떤 일에 알맞은 능력이나 성질.
➡ 영조가 준천 공사를 성공적으로 이끈 비결 ②

마 훗날 영조는 자신이 한 가장 중요한 사업 중 하나로 준천 공사를 꼽았다. 그만큼 이를 자랑스럽게 생각하였던 것이다. 영조의 준천 공사는 조선 전기 때와 달리 백성들 의 다양한 의견을 직접 들으며 진행하였기에 효과적으로 진행될 수 있었고, 큰 성공을 거둘 수 있었다.
➡ 영조의 준천 공사에 담긴 의미

▲ 1890년대 청계천 모습

핵심어 찾기

1. 다음 빈칸에 알맞은 단어를 이 글에서 찾아 쓰세요.

> 준 천 공사는 '물이 잘 흐르도록 개천 바닥을 깊이 파는 작업'을 말합니다.

해설 이 글은 영조가 했던 준천 공사 과정을 다루고 있습니다. 준천 공사가 무엇인지는 나의 첫 문장에서 그 뜻을 설명하고 있습니다.

내용 파악하기

2. 이 글의 내용과 일치하지 않는 것은 무엇인가요? (④)

① 홍수 피해를 막기 위한 개천 공사는 태종 때에도 있었다.
② 한양 주변의 산에서 흘러내린 물로 인해 개천이 넘치기도 하였다.
③ 조선 후기에는 한양에 인구가 늘어 개천의 물길이 더 자주 막혔다.
④ 영조는 준비 기간 없이 바로 준천 공사를 하도록 백성들에게 명하였다.
⑤ 영조는 예상했던 것보다 훨씬 적은 인력과 비용으로 준천 공사를 끝마쳤다.

해설 이 글은 한양 개천(청계천)에 홍수가 잦은 이유, 태종 때부터 개천 공사를 시작했지만 효과가 없었던 점, 영조가 준천 공사를 성공적으로 할 수 있었던 비결을 다루고 있습니다. 이 중에서도 영조가 준천 공사를 잘할 수 있었던 이유를 중점적으로 서술하고 있습니다. 영조는 7년의 준비 기간을 두고 준천 공사에 대해 많은 사람과 소통하였는데, 이 때문에 적은 인원과 비용으로 효율적인 공사를 할 수 있었습니다.

해설 영조가 준천 공사와 관련하여 행한 일은 주로 다와 라에 나타나 있습니다. 영조는 준천 공사에 들어가기 전 오랫동안 준비 기간을 갖고 공사를 해야 하는지에 대한 개천 주변 백성들의 의견을 직접 묻고, 과거 시험을 통해 선비들의 생각을 들었습니다. 공사가 끝난 뒤에는 잔치를 베풀었으며, 피해를 입은 사람이 없는지 살폈습니다. 그러나 모든 백성에게 품삯을 주었다는 내용은 나타나 있지 않습니다.

세부 내용 파악하기

3. 이 글의 영조가 한 일로 볼 수 없는 것은 무엇인가요? (③)

① 준천 공사가 끝난 뒤 잔치를 베풀었다.
② 준천 공사로 피해를 입은 백성들이 없는지 살폈다.
③ 모든 백성에게 품삯을 주어서 돈을 벌게 해 주었다.
④ 준천 공사에 대한 선비들의 의견을 적극적으로 듣고자 하였다.
⑤ 백성들을 직접 만나 준천 공사에 대한 생각을 들으려고 하였다.

문단 내용 파악하기

4. 沙~雨 중 〈보기〉의 내용을 활용하기에 알맞은 문단의 기호를 쓰세요.

> • 보기 •
>
> 『조선왕조실록』 중 「세종실록」 세종 3년(1421) 기록에는 다음과 같은 내용이 있다.
>
> "큰비가 와서 한양에 냇물이 넘쳐 하류가 막히니 집 75채가 떠내려가고 통곡하는 소리가 여기저기서 들렸다. 지붕에 올라가고 나무를 잡아 죽지 않은 사람도 있으나, 물에 빠져 죽은 사람이 생각보다 훨씬 많았다."

(**沙**)

해설 ▶ 제시된 내용은 백성들이 홍수로 큰 피해를 입었다는 내용입니다. 따라서 이 글의 문단 중에서 홍수 피해와 관련된 내용을 찾으면 됩니다. 내에서는 영조의 성공적인 준천 공사를 알리고, 대, 라에서는 영조가 준천 공사를 성공한 비결, 마에서는 영조의 업적인 준천 공사의 의미에 대해 서술하고 있습니다.

⚠ 배경이나 인물이 비슷한 글 찾아 읽기

5. 이 글과 〈보기〉를 함께 읽고, 조선 후기 사회에 일어난 변동을 가장 잘 이해한 친구는 누구인가요?

(①)

> • 보기 •
>
> 조선 전기에는 누구나 북을 쳐서 억울함을 알리도록 설치한 신문고 제도가 있었다. 그러나 신문고를 칠 수 있었던 백성들은 매우 드물었다. 신문고를 치기 위해서는 먼저 지방 관리와 사헌부*에 알려 확인을 받아야 하고, 거기에서 억울함이 풀리지 않을 때만 한양의 신문고를 칠 수 있었기 때문이다.
>
> 조선 후기에 와 백성들은 방법이 까다로운 신문고를 치는 대신 왕 앞에 직접 나아갔다. 왕의 행차에 뛰어들어 징이나 꽹과리를 치면서 왕의 시선을 끌고 자신의 사연을 말하였는데, 이를 '격쟁'이라고 한다. 사회를 어지럽게 한다는 이유로 격쟁에 반대하는 양반들의 의견도 많았다. 그러나 22대 임금인 정조는 오히려 격쟁을 할 수 있는 경우를 더 많이 허락하여 백성들이 목소리를 낼 수 있도록 하였다. 정조 때의 『일성록』*에 무려 1,300여 건에 이르는 격쟁 기록이 남아 있을 정도로 정조는 격쟁을 통해 백성들의 고통을 구체적으로 알기 위해 애썼고, 그들과 마음이 통하는 정치를 하고자 노력하였다.
>
> * 사헌부: 조선 시대에 나랏일을 의논하거나 풍속을 바로잡고 관리의 잘못을 따지는 일을 맡아보던 기관.
> * 일성록: 조선 영조 36년(1760) 1월부터 순종 4년(1910) 8월에 걸쳐 조정과 내외의 신하에 관해 기록한 일기.

① 영수: 조선 후기에는 임금이 백성과 직접 소통하려고 노력했구나.
② 영희: 조선 후기에는 임금이 양반의 의견을 직접 듣고자 노력했구나.
③ 철수: 조선 후기에는 백성들이 신문고를 통해 자신의 고통을 말했구나.
④ 민수: 조선 후기에는 임금이 백성과 양반 사이에 갈등이 있을까 봐 염려했구나.
⑤ 현재: 조선 후기에는 백성들이 임금의 마음을 구체적으로 알기 위해 노력했구나.

해설 〈보기〉는 조선 전기와 후기에 임금과 백성이 소통했던 방식을 설명하고 있습니다. 조선 전기에도 신문고 제도가 있었지만, 백성들은 관리의 허락을 받아야 신문고를 칠 수 있었습니다. 하지만 조선 후기에는 백성들이 임금 앞에서 직접 자신의 의견을 말할 수 있었다는 점에서 조선 전기와 차이를 보이고 있습니다. 이 글의 영조처럼 〈보기〉의 정조도 백성과 직접 소통하려고 했던 것입니다.

---

1 단어 뜻 알기

빈칸에 들어갈 알맞은 단어를 〈보기〉에서 찾아 쓰세요.

> • 보기 •
>
> 물길   비용   경청   적성

1. 국어 과목은 내 (**적성**)에 잘 맞아.
   뜻 어떤 일에 알맞은 능력이나 성질.

2. 저의 이야기를 (**경청**)해 주셔서 고맙습니다.
   뜻 남의 말을 귀 기울여 열심히 들음.

3. 마을 사람들이 (**물길**)을/를 내어 논에 물을 대었어요.
   뜻 물이 흐르는 길.

4. 고장 난 자전거를 고치는 데 (**비용**)이/가 많이 들었다.
   뜻 어떤 일을 하는 데 드는 돈.

2 관용 표현 알기

다음 빈칸에 들어갈 알맞은 말을 쓰세요.

> **"개천에서 용 난다"**
>
> 우리나라에는 '개천'이 들어간 속담들이 제법 보입니다. 그중에서 이 속담은 어려운 형편의 집안에서 훌륭한 사람이 나는 경우를 빗대어 이르는 말입니다.

3 한자어 익히기

다음 한자어를 소리 내어 읽고 빈칸에 따라 써 보세요.

百	姓
일백 **백**	성 **성**

백성(百姓): 나라의 근본을 이루는 일반 국민.
• 백성은 나라의 근본입니다.
• 임금이 백성들에게 선정을 베풀었다.
• 적의 침략이 빈번한 해안 지방의 백성들은 고초가 심했다.

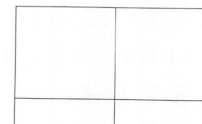 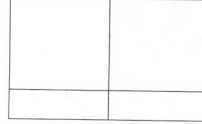 

百	姓						
일백 백	성 성						

ERI 지수 552 인문 | 도덕

우리의 마음에서 일어나는 느낌이나 기분을 감정이라고 한다. 그러면 우리말에서 감정을 표현하는 말은 몇 개쯤 될까? 흔히 쓰는 말만 430여 개쯤이라고 한다. 그런데 그중에서 부정적인 감정을 표현하는 단어가 훨씬 많다고 한다. 성리학*에서는 인간의 대표적인 감정으로 기쁨, 분노, 슬픔, 즐거움, 사랑, 미움, 욕심 등을 꼽는다. 이 중에서도 네 가지가 부정적 감정이다. 2019년 국제 연합(UN)*이 발표한 「세계 행복 보고서」에서도 전 세계적으로 근심, 슬픔, 분노와 같은 부정적인 감정과 관련된 문제가 증가하고 있다고 한다.

<small>바람직하지 못한.</small>
➡ 부정적인 감정을 표현하는 단어들이 많음.

㉮ 그렇다면 부정적인 감정은 모두 나쁜 것일까? 그렇지 않다. 시험 때가 되면 불안해지는 학생을 예로 들어 보자. 불안은 좋지 못한 결과에 대한 우려 때문에 생긴다. 이 학생 역시 '점수가 잘 안 나오면 어쩌지?' 하고 걱정을 하면서 불안해한다. 하지만 이 학생의 마음을 자세히 살펴보면 시험을 잘 치르고 싶다는 소망이 담겨 있다. 시험을 잘 치르고 싶기 때문에 불안한 것이다. 따라서 불안을 조절하기 위해서는 그 안에 담겨 있는 자신의 소망에 집중하는 것이 좋다. 그러면 더 열심히 공부할 수 있고, 원하던 좋은 점수도 얻을 수 있다. 화를 잘 내는 사람의 경우도 마찬가지이다. 화는 주어진 상황이 부당하다는 마음의 표현이다. 어떤 상황에서 화가 났다면 그 상황이 정당하지 않다는 생각이 담겨 있는 것이다. 따라서 화내기 전에 그 상황이 왜 부당한지를 분명하게 표현한다면 자신이 원하는 결과를 얻는 데 도움이 된다. 이처럼 부정적인 감정은 잘 조절할 수만 있다면 역경을 이겨 낼 수 있는 강한 힘이 된다.

<small>어떤 일을 걱정하는 것.</small>
<small>균형을 이루게 바로잡거나 알맞게 잘 맞추는 것.</small>
<small>몹시 힘들고 어려운 처지.</small> ➡ 부정적인 감정이 좋은 결과를 가져올 수도 있음.

그동안 우리는 부정적인 감정은 숨겨야 한다고 배워 왔다. 몸과 마음에 해가 되고, 인간관계에 독이 된다고 믿었기 때문이다. 그래서 자신의 부정적인 감정을 애써 무시하고 억누르며 사는 것을 미덕*이라고 생각한다. 하지만 '참는 자에게 복이 있다.'라는 말이 요즘은 (㉠)로 바뀌어 쓰인다. 부정적인 감정을 억누르면 그것이 쌓여 병이 되기 때문이다.

➡ 부정적인 감정을 억누르면 병이 됨.

감정은 우리의 마음을 표현하는 또 하나의 언어이다. 어떤 감정이라도 그 감정이 표현하는 마음을 잘 읽고, 있는 그대로 받아들이며, 필요하다면 적절하게 표현하면 된다. 부정적인 감정의 경우도 마찬가지이다. 표현하고 나면 부정적인 힘이 약해지고 긍정적인 에너지가 나온다. 이처럼 부정적인 감정을 효과적으로 다루어 활용하는 능력을 감정 조절 능력이라고 한다. 이 능력을 키우기 위해서는 무엇보다 나의 감정을 있는 그대로 잘 표현할 필요가 있다. 행복해지고 싶다면 이제 내 마음이 전하는 감정을 존중해 보자.

➡ 감정을 적절하게 표현하는 것의 중요성

* **성리학**: 중국 송나라에서 시작되어 조선 시대에 우리나라에서 크게 일어난 유학의 한 갈래.
* **국제 연합(UN)**: 전쟁 방지와 평화 유지를 위해 설립된 국제기구.
* **미덕**: 남이 본받을 만한 훌륭한 마음가짐이나 행동.

내용 파악하기

1. 이 글의 내용과 일치하는 것을 모두 고르세요. (③ , ⑤)

① 마음의 병은 모두 부정적 감정에서 온다.
② 부정적인 감정이 점차 줄어드는 추세에 있다.
③ 불안을 조절하면 시험에 더 잘 집중할 수 있다.
④ 성공한 사람들은 모두 부정적인 감정을 겪은 사람들이다.
⑤ 부정적인 감정을 적절하게 표현하면 긍정적인 에너지가 된다.

> **해설** 이 글에서는 감정은 마음을 전달하는 또 하나의 언어라고 보고, 부정적 감정이라도 잘 표현하고 조절하면 좋은 결과를 가져올 수 있다고 주장하고 있습니다.

표현의 의미 추론하기

2. 이 글의 내용을 고려할 때, 다음의 제목에 담긴 의미로 알맞은 것은 무엇인가요? (①)

> 제목: 감정은 또 하나의 언어

① 감정은 마음을 표현한다.
② 감정은 언어로 만들어진다.
③ 감정은 언어만큼 중요하다.
④ 감정은 언어를 통해 드러난다.
⑤ 감정은 언어처럼 질서가 있다.

> **해설** '감정은 또 하나의 언어'라는 제목에서 중요한 것은 '언어'라는 단어입니다. '언어'는 무엇인가를 전달, 표현하는 기능을 합니다. 감정은 마음을 표현하는 것이기에 언어라고 할 수 있습니다.

> **해설** ㉮는 불안과 분노의 감정을 예를 들어 보여 주고 있습니다. 불안은 한편으로는 염려 때문에 생기지만 다른 한편으로는 소망 때문에 생기기도 합니다. 이때 소망에 집중하면 좋은 결과를 얻기 위해 더 노력할 수 있습니다. 분노가 생길 때도 그 상황의 부당함을 분명하게 표현한다면 긍정적으로 작용할 수 있습니다. 하지만 모든 감정의 이해는 일차적으로 자신의 내면을 존중해야 합니다. 자기 마음의 표현이기 때문입니다.

문맥을 활용하여 추론하기

3. ㉮를 통해 알 수 있는 내용으로 알맞지 않은 것은 무엇인가요? (⑤)

① 불안한 마음이 긍정적인 결과를 불러오기도 한다.
② 분노가 역경을 이겨 낼 수 있는 힘을 주기도 한다.
③ 불안한 마음은 우려뿐만 아니라 소망 때문에 생기기도 한다.
④ 감정 조절을 위해서는 감정에 담긴 숨은 의미를 이해해야 한다.
⑤ 감정을 이해하기 위해서는 다른 사람의 처지를 배려해야 한다.

4. ⊙에 들어갈 말로 알맞은 것은 무엇인가요? (①)

① 참는 자에게 병이 있다.

② 참는 자에게 행복이 있다.

③ 참는 자에게 기회가 있다.

④ 참는 자에게 보상이 있다.

⑤ 참는 자에게 배움이 있다.

> 해설 ▶ 생략된 정보를 예측할 때는 먼저 드러난 정보 내용을 확인합니다. 이때 드러난 내용은 '참는 자에게 복이 있다.'라는 말이 요즘은 바뀌어 사용되고 있다는 것입니다. 바뀐 내용은 부정적 감정을 억누르면 그것이 쌓여 병이 된다는, ⊙ 뒤에 나오는 내용을 통해 알 수 있습니다.

글의 내용 적용하기

5. 이 글의 내용을 바탕으로 할 때, 감정 조절을 가장 잘한 사람은 누구인가요? (⑤)

① 준영: 오랫동안 준비했던 시합에서 졌어. 속상했지만 아무렇지도 않은 척했어.

② 형찬: 대화방에서 친구들이 내 단점을 말하는 거야. 화가 나서 바로 나와 버렸어.

③ 기태: 시험 점수가 너무 낮게 나왔어. 우울한 기분이 들어 하루 종일 게임만 했어.

④ 은서: 엄마가 내 의견을 들어주지 않았어. 속상해서 옆에 있던 깡통을 발로 차 버렸어.

⑤ 혜진: 친구가 갑자기 약속을 어겼어. 화가 났지만 친구에게 앞으로는 미리 사정을 말해 달라고 요청했어.

> 해설 ▶ 이 글에서 글쓴이는 감정은 언어라고 보고 있습니다. 그리고 부정적인 감정에 담긴 마음을 효과적으로 다루어 활용하는 것을 감정 조절 능력이라고 하였습니다. 따라서 감정을 억누르기보다는 감정에 담긴 자신의 마음을 잘 이해하여 조절한 사람을 찾으면 됩니다. ⑤는 친구가 약속을 어겨 화가 났지만, 화를 불쑥 내기보다는 자기 생각, 즉 자신이 정당하게 생각하는 내용을 분명하게 제시하고 있습니다. 따라서 감정 조절을 잘한 예에 해당합니다. ① 자신의 감정을 숨기고 있습니다. ②, ③, ④ 감정이 시키는 대로 행동하고 있습니다.

주장 파악하기

6. 이 글의 글쓴이가 주장하는 내용으로 알맞은 것은 무엇인가요? (④)

① 항상 긍정적인 감정을 갖기 위해 노력하자.

② 고난과 역경을 통해 긍정적인 감정을 만들어 내자.

③ 부정적인 감정은 나쁜 것이므로 빨리 없애도록 노력하자.

④ 모든 감정은 소중하므로 있는 그대로 받아들이고 잘 표현하자.

⑤ 부정적인 감정이 생길 때는 애써서 긍정적 감정을 느끼도록 노력하자.

> 해설 ▶ 이 글의 주장은 마지막 문단에서 확인할 수 있습니다. 글쓴이는 감정은 우리의 마음을 표현하는 또 하나의 언어이므로 어떤 감정이라도 그 감정이 표현하는 마음을 잘 읽고, 있는 그대로 받아들이며, 적절하게 표현하라고 하고 있습니다.

어휘 익히기

1 단어 뜻 알기

빈칸에 들어갈 알맞은 단어를 〈보기〉에서 찾아 쓰세요.

> • 보기 •
>
> 부정적 　　 우려 　　 조절 　　 역경

1. 빨강 머리 앤은 어떤 (역경)에도 굴하지 않았다.
   > 뜻 몹시 힘들고 어려운 처지.

2. 이 책상은 아이들의 키에 맞추어 높낮이를 (조절)할 수 있다.
   > 뜻 균형을 이루게 바로잡거나 알맞게 잘 맞추는 것.

3. 지나치게 폭력적인 장면은 아이들의 정서를 해칠 (우려)이/가 있다.
   > 뜻 어떤 일을 걱정하는 것.

4. 나는 아무것도 할 수 없는 (부정적) 상황에서도 긍정적인 마음을 가지려고 했다.
   > 뜻 바람직하지 못한.

2 관용 표현 알기

다음 빈칸에 들어갈 알맞은 말을 쓰세요.

> "[웃][는] 집에 복이 있다"
>
> 이 속담은 집안이 화목하여 늘 웃음꽃이 피는 집에는 행복이 찾아들게 된다는 말입니다.

3 한자어 익히기

다음 한자어를 소리 내어 읽고 빈칸에 따라 써 보세요.

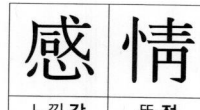

감정(感情): 기쁨, 슬픔, 두려움, 노여움처럼 어떤 일을 겪을 때 드는 느낌.

느낄 **감** | 뜻 **정**

- 서로 감정을 풀고 화해해라.
- 음악은 사람의 감정을 순화한다.
- 그는 자신의 감정을 솔직하게 표현하였다.

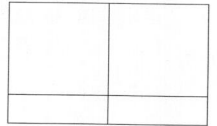

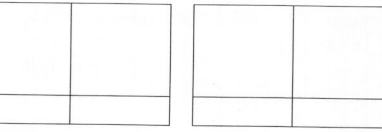

ERI 지수 518 인문 | 도덕

매년 4월 2일은 사이버(cyber) 범죄 예방의 날이다. 2014년에 경찰청이 사이버의 '사(4)'와
질병이나 재해가 일어나기 전에 미리 대처하여 막는 일.
'이(2)'를 따서 정하였다. 이날은 사이버 범죄를 막기 위한 다양한 홍보 활동이 펼쳐진다. 우리 사
어떤 사실이나 제품을 널리 알림.
회에서 사이버 폭력은 더 이상 낯선 일이 아니다. 게다가 최근 들어 많은 사람이 사이버 공간에
더 오래 머물게 되면서 사이버 폭력은 더욱 심각한 사회 문제가 되고 있다. 그렇다면 사이버 폭력
의 유형에는 무엇이 있을까?
➡ 사회 문제가 되고 있는 사이버 폭력

첫째, 언어폭력이 있다. 채팅*이나 문자 메시지, 게시판, 댓글 등을 통해 욕설을 하거나 놀
㉮ 리고 남을 험담하는 말을 쓰는 경우이다. 한 조사에 따르면, 여러 사이버 폭력 중에서도 언어
폭력을 경험한 경우가 가장 많았다.
➡ 사이버 폭력의 유형 ① – 언어폭력

둘째, 사이버 명예 훼손이 있다. 이는 사실인지 아닌지와 관계없이 다른 사람을 헐뜯고 명
훌륭하다고 인정받은 자랑스러운 이름. 또는 그 이름에 걸맞은 높은 가치.
㉯ 예를 떨어뜨리는 것을 말한다. 유명인들이 심한 욕설이나 비방*을 포함한 댓글을 단 사람들
을 경찰에 신고하는 것도 명예 훼손 때문이다. 이런 경우 피해자들은 씻을 수 없는 상처를 입
는다. 그 마음의 상처 때문에 오랫동안 치료를 받는 경우도 많다.
➡ 사이버 폭력의 유형 ② – 사이버 명예 훼손

셋째, 사이버 따돌림이 있다. 온라인 공간에서 특정 사람의 말을 무시하거나 집단적으로
㉰ 괴롭히는 일을 말한다. 스마트폰 등을 이용해 상대방의 개인 정보나 허위 사실을 퍼뜨리며
거짓으로 꾸민 것.
집단적으로 공격하면 피해자는 엄청난 고통을 느끼게 된다. 게다가 사이버 따돌림은 사이버
공간을 넘어서 현실 폭력으로 이어지는 경우가 많아 더욱 문제가 되고 있다.
➡ 사이버 폭력의 유형 ③ – 사이버 따돌림

이 밖에도 다른 사람의 개인 정보를 허락 없이 알리거나 사이버 공간에서 상대방이 원하지
㉱ 않는 행동을 강요하는 경우가 있는데, 이들 모두 사이버 범죄에 속한다.
➡ 사이버 폭력의 유형 ④ – 개인 정보 유출 및 행동 강요

이러한 사이버 폭력을 예방하기 위해서는 모두가 지켜야 할 예절이 있다. 첫째, 게시판에 욕을
하거나 남을 헐뜯는 내용을 올리지 말아야 한다. 무심코 쓴 댓글 하나가 상대방에게는 큰 상처를
줄 수 있다. 둘째, 사실로 확인되지 않은 정보를 퍼뜨리는 것 역시 피해야 한다. 특히 다른 사람과
관련된 정보는 사실인지 여부를 충분히 파악해야 한다. 셋째, 대화방에서는 특정 사람의 말을 의
도적으로 무시하거나 공격하는 일은 없어야 한다. 넷째, 메시지를 주고받을 때 대화에 참여할 것
을 강요하거나 억지로 대답하라고 요구하지 말아야 한다.
➡ 사이버 폭력을 막기 위한 사이버 예절

얼굴이 보이지 않는 사이버 공간에서는 내가 하는 말과 글이 곧 나의 ㉠얼굴이다. 상대방을 존
중하고 배려하는 자세를 가지고 사이버 예절을 지킨다면 우리 모두를 보호하는 ㉡안전한 사이버
문화를 만들 수 있다.
➡ 안전한 사이버 문화를 만들기 위한 자세

* 채팅: 컴퓨터 통신망이나 게시판을 통해서 여러 사람이 글자로 이야기를 주고받는 일.
* 비방: 남을 비웃고 헐뜯어서 말함.

중심 화제 파악하기

1. 이 글은 무엇을 설명하는 글인지 빈칸에 알맞은 말을 쓰세요.

사 이 버 폭 력 의 유형과 예방법

해설 이 문제는 중심 화제가 무엇인지를 묻는 문항입니다. 이 글에서는 먼저 사이버 폭력의 유형을 설명한 뒤에 그 예방법을 말하고 있습니다.

내용 파악하기

2. 이 글의 내용과 일치하지 않는 것은 무엇인가요? (⑤)

① 사이버 범죄 예방의 날은 매년 4월 2일이다.

② 사실인 내용을 올려도 사이버 명예 훼손이 될 수 있다.

③ 사이버 폭력은 현실 세계의 폭력으로 이어지기도 한다.

④ 개인 정보를 허락 없이 온라인에 올려도 사이버 범죄가 된다.

⑤ 사이버 폭력 중 가장 많이 일어나는 것은 사이버 따돌림이다.

해설 이와 같은 문제를 풀 때는 선택지가 본문의 내용과 일치하는지 여부를 살펴야 합니다. 2문단에서 여러 사이버 폭력 중에서도 언어폭력을 경험한 경우가 가장 많았다고 하였습니다.

문단 간의 관계 파악하기

3. 이 글의 ㉮~㉱가 연결된 방식으로 알맞은 것에 √표 하세요.

(1) 대등한 관계로 내용을 열거하고 있다. (√)

(2) 사건을 시간 순서에 따라 연결하고 있다. ( )

(3) 공통점과 차이점으로 나누어 연결하고 있다. ( )

(4) 결과를 먼저 제시하고 뒤에 원인을 밝히고 있다. ( )

해설 ㉮~㉱는 사이버 폭력의 유형을 각각 제시하고 있습니다. ㉮는 언어폭력, ㉯는 사이버 명예 훼손, ㉰는 사이버 따돌림, ㉱는 개인 정보 유출 및 행동 강요 등을 다루고 있습니다. 즉 사이버 폭력의 유형을 대등한 관계로 열거하고 있습니다.

글의 내용 적용하기

4. 〈보기〉를 읽고 보인 반응으로 알맞으면 ○표, 알맞지 않으면 ×표 하세요.

> ● 보기 ●
>
> 찬희는 스마트폰 알림음이 울릴 때마다 마음이 불안하였다. 친구들이 수시로 단체 대화방으로 불러 욕설을 퍼붓고, 찬희의 사진을 올린 뒤 외모를 흉보거나 나쁜 소문을 만들어 퍼뜨리기 때문이었다. 찬희는 그 스트레스 때문에 머리가 아프고 쉽게 잠들지 못했다. 말수도 줄어들고 어떤 일을 해도 기운이 나지 않았다. 다행히 찬희의 달라진 모습을 지켜본 부모님의 도움을 받아 학교와 경찰에 신고하였고, 친구들은 그제야 괴롭힘을 멈추었다.

(1) 찬희는 사이버 언어폭력, 사이버 명예 훼손 등의 피해를 입었어. (○)

(2) 아무 때나 대화방으로 부르는 것은 사이버 예절에 어긋난 행동이야. (○)

(3) 찬희 친구들의 행동은 나쁘지만, 법적으로까지 처벌받을 행동은 아니야. (×)

해설 이 글을 보면 사이버 범죄는 경찰청에서 다루고 있음을 알 수 있습니다. 또한 〈보기〉의 찬희가 친구들의 사이버 폭력으로 힘들어하는 것을 지켜본 부모님의 도움을 받아 경찰에 신고했다는 내용이 나옵니다. 이는 찬희 친구들이 법적으로도 처벌받을 수 있음을 의미합니다.

어휘 의미 파악하기

5. 밑줄 친 말 중 ㉠과 같은 뜻으로 쓰인 것은 무엇인가요? (②)

① 그녀는 얼굴에 로션을 발랐다.

② 태극기는 우리나라의 얼굴이다.

③ 영화계에 새 얼굴이 등장하였다.

④ 그는 생각에 깊이 잠긴 얼굴이었다.

⑤ 나는 햇빛에 눈이 부셔 얼굴을 찡그렸다.

해설 '얼굴'의 맥락적 의미를 묻는 문제입니다. ㉠과 ②의 '얼굴'은 '어떤 사물의 진면목을 단적으로 보여 주는 대표적 표상.'을 의미합니다. ①, ⑤의 '얼굴'은 '눈, 코, 입이 있는 머리의 앞부분.'을 의미합니다. ③의 '얼굴'은 '어떤 분야에 활동하는 사람.'을 의미합니다. ④의 '얼굴'은 '어떤 심리 상태가 나타난 형색.'을 의미합니다.

글의 내용 적용하기

6. 이 글의 내용을 고려할 때, ㉡에 해당하지 않는 것은 무엇인가요? (⑤)

① 한 사람만의 말을 무시하거나 공격하지 않기

② 사실로 확인되지 않은 정보는 함부로 올리지 않기

③ 상대방의 기분과 명예를 충분히 고려하며 댓글 쓰기

④ 게시판에 서로를 존중하고 배려하는 내용의 글을 올리기

⑤ 활발한 분위기를 위해 특정인에게 대화에 참여하도록 요구하기

해설 상대방을 존중하고 배려하는 자세를 가지고 사이버 예절을 지킨다면 안전한 사이버 문화를 만들 수 있다고 하였습니다. 분위기를 띄우기 위해 특정인에게 대화에 참여하도록 요구하는 것은 상대를 존중하고 배려하는 자세가 아니므로 ㉡에 해당한다고 볼 수 없습니다.

---

1 단어 뜻 알기

빈칸에 들어갈 알맞은 단어를 〈보기〉에서 찾아 쓰세요.

> ● 보기 ●
>
> 예방   홍보   명예   허위

1. 병은 치료보다 (예방)이/가 중요하다.
   뜻 질병이나 재해가 일어나기 전에 미리 대처하여 막는 일.

2. 우리 반의 (명예)을/를 걸고 열심히 뛰겠습니다.
   뜻 훌륭하다고 인정받은 자랑스러운 이름. 또는 그 이름에 걸맞은 높은 가치.

3. 외국 배우가 영화 (홍보)을/를 위해 우리나라에 왔다.
   뜻 어떤 사실이나 제품을 널리 알림.

4. 사람들의 (허위) 댓글 때문에 그 연예인은 밥도 못 먹을 정도로 힘들어했다.
   뜻 거짓으로 꾸민 것.

2 관용 표현 알기

다음 빈칸에 공통으로 들어갈 말을 쓰세요.

> **"가는 [정]이 있어야 오는 [정]이 있다"**
>
> 내가 먼저 정을 베풀어야 다른 사람도 나에게 정을 베푼다는 뜻의 속담입니다. 나는 친구에게 좋지 않은 말과 행동을 하면서 친구가 나에게 잘 대해 주기를 바랄 수는 없을 겁니다. 사이버상에서도 마찬가지입니다. 내가 먼저 상대방을 존중하고 배려하는 자세가 중요합니다.

3 한자어 익히기

다음 한자어를 소리 내어 읽고 빈칸에 따라 써 보세요.

禮	節
예도 예	마디 절

예절(禮節): 남을 대하거나 어떤 일을 할 때 갖추어야 할 바른 말투와 몸가짐.

- 지혜는 참 예절 바른 아이야.
- 예절을 모른다면 짐승과 다를 바가 있겠느냐?
- 사람과 사람의 어울림에서 가장 중요한 것은 예절이다.

禮	節				
예도 예	마디 절				

 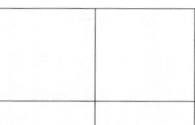 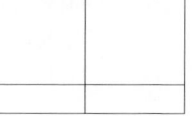 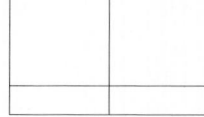

ERI 지수 542 인문 | 도덕

1954년 하와이에서는 대규모 연구가 이루어졌다. 무엇이 사람들을 (㉠) 만드는지에 대한 연구였다. 이를 위해 연구자들은 같은 해에 태어난 아이들이 어떻게 다른 삶을 살게 되었는지를 비교하였다. 40년 동안의 연구 결과는 다소 우울하였다. 불행한 삶을 살고 있는 사람들은 불우한
_{몹시 슬프거나 걱정스러워 마음이 어둡고 가라앉은 것.}
환경에서 태어나 고난을 극복하지 못한 경우가 대부분이었기 때문이다.
➡ 1954년 하와이에서 이루어진 연구 결과

그런데 뜻밖에 어려운 환경에서도 행복하게 성장한 아이들이 있었다. 힘든 처지에서도 그들은 자신이 원하는 꿈을 이루며 당당히 살고 있었다. 이 아이들은 어떻게 행복한 사람으로 성장할 수 있었을까? 그 이유는 바로 회복 탄력성에 있었다. 회복 탄력성은 부정적인 상황을 극복하고 원래의 안정된 상태를 되찾는 성질을 뜻하는 말로, 인생의 어려움을 이겨 낼 힘을 말한다. 마치 통통 튀는 용수철처럼 어려움 속에서도 다시 튀어 오를 수 있게 하는 것이다. 힘든 환경을 딛고 건강하게 성장한 아이들은 모두 회복 탄력성이 높았다. ➡ 행복하게 성장한 아이들의 공통점 – 높은 회복 탄력성

우리나라에서 장애인 예술의 새로운 가능성을 보여 준 사람이 있다. 그는 원래 유명한 춤꾼이었다. 하지만 뜻밖의 교통사고로 다리가 마비되어 더 이상 춤을 출 수 없게 되었다. 그때
_{신경이나 근육이 잘못되어 감각이 없어지거나 몸을 움직일 수 없게 되는 것.}
의 슬프고 괴로운 심정은 말할 수 없을 정도로 컸을 것이다. 하지만 그는 주어진 상황을 받아들이고 자신이 할 수 있는 일을 찾아 나섰다. 무대 위에서 춤을 출 수는 없지만, 무대 진행자로 활발하게 활동하기 시작하였다. 뿐만 아니라 휠체어를 타고 무대 위에 오르기도 한다. 그런 점에서 그는 회복 탄력성의 힘을 온몸으로 보여 주고 있다고 하겠다. ➡ 회복 탄력성을 보여 준 사례

회복 탄력성은 위기를 극복하게 도와주는 단단한 마음의 근육이라고 할 수 있다. 꾸준한 운동으로 몸의 근육을 키워 나가듯이 회복 탄력성 역시 연습으로 얼마든지 높일 수 있다. 그러기 위해서는 무엇보다 긍정성을 높이는 것이 가장 중요하다. 그러나 아쉽게도 긍정적으로 마음만 먹는다고 바로 긍정적인 사람이 되는 것은 아니다. 긍정적인 생각이 몸에 익숙해지도록 계속 훈련을 해야 한다. ➡ 회복 탄력성을 키우는 방법 – 긍정성

그 효과적인 훈련 방법으로 감사 일기 쓰기가 있다. 감사하는 마음을 갖는 것은 명상을 하거나
_{눈을 감고 고요한 마음으로 깊은 생각에 빠지는 것.}
기분 좋은 일을 경험하는 것보다도 우리의 마음과 몸을 더 좋은 상태로 유지해 준다. 감사 일기를 쓰는 방법은 쉽다. 매일 밤, 잠자리에 들기 전에 그날 있었던 감사한 일을 다섯 가지 이상 구체적으로 수첩에 적는다. 이렇듯 매일매일 감사 일기를 쓰다 보면 마음이 긍정적으로 변해 가는 것을 느낄 수 있을 것이다. 꾸준히 감사한 일을 쓰면서 마음의 근육을 단단하게 만들어 간다면 누구나 강한 회복 탄력성을 얻게 될 것이다. ➡ 긍정성을 높이는 효과적인 훈련 방법 – 감사 일기 쓰기

내용 파악하기

1. 이 글의 내용과 일치하지 **않는** 것을 모두 고르세요. (③ , ④)

① 회복 탄력성은 훈련과 노력을 통해 높일 수 있다.

② 회복 탄력성은 인생의 어려움을 이겨 낼 수 있는 힘이다.

③ 불우한 환경에서 자란 사람은 모두 회복 탄력성이 높았다.

④ 감사하는 마음을 가지면 사회적으로 인정받는 사람이 될 수 있다.

⑤ 장애를 입거나 불행한 일을 당해도 긍정적인 마음 자세를 가지면 행복해질 수 있다.

해설 이 글에서는 힘든 환경을 딛고 건강하게 성장한 아이들이 모두 회복 탄력성이 높았다고 하였으며, 꾸준히 감사 일기를 쓰면서 감사하는 마음을 가지면 강한 회복 탄력성을 얻을 수 있다고 하였습니다.

내용 전개 방식 파악하기

2. 이 글의 내용 전개 방식으로 알맞은 것을 모두 고르세요. (① , ②)

① 구체적인 예를 들어 설명하고 있다.

② 구체적인 실천 방법을 제시하고 있다.

③ 비슷한 대상을 나열하여 설명하고 있다.

④ 서로 다른 사물에서 공통점을 찾아 설명하고 있다.

⑤ 중요한 정보에서 덜 중요한 정보의 순서로 나열하고 있다.

해설 이 글은 회복 탄력성을 설명하고 있습니다. 이를 위해 한 인물을 예로 들고 있으며, 회복 탄력성을 높이기 위한 구체적인 실천 방법으로 '감사 일기 쓰기'를 제시하고 있습니다.

핵심 개념 이해하기

3. 이 글의 내용으로 볼 때, '회복 탄력성'에서 가장 중요한 요소는 무엇인가요? (⑤)

① 독립성

② 배려심

③ 책임감

④ 자신감

⑤ 긍정성

해설 회복 탄력성은 부정적인 상황을 극복하고 원래의 안정된 상태를 되찾는 성질을 뜻하는 말로, 인생의 어려움을 이겨 낼 힘을 말합니다. 이러한 회복 탄력성을 높이기 위해서는 긍정성을 높이는 것이 가장 중요합니다.

글의 내용 적용하기

4. 이 글에서 말한 '회복 탄력성'이 가장 강할 것으로 예상되는 사람은 누구인가요? (⑤)

① 정희: 학원에 다닐 형편이 안 돼서 난 공부를 잘할 수 없었어.

② 우현: 영어 시험 점수가 가장 나쁘니 지금부터 영어는 포기해야겠어.

③ 윤나: 전학 가는 학교에는 친구도 없으니 밥도 혼자 먹을 수밖에 없겠지.

④ 지민: 발표할 때마다 목소리가 잘 안 나오니 발표는 최대한 하지 말아야겠어.

⑤ 가린: 친구 때문에 속상할 때도 있지만 내 옆에 친구가 있다는 점에 감사해.

해설 ▶ 회복 탄력성이 강한 사람은 긍정성을 높일 수 있는 사람입니다. 이러한 사람은 부정적인 상황에 얽매이기보다는 긍정적으로 생각합니다.

생략된 내용 추론하기

5. 이 글의 내용으로 볼 때, ㉠에 들어갈 단어로 알맞은 것은 무엇인가요? (③)

① 슬프게

② 가난하게

③ 불행하게

④ 건강하게

⑤ 고통스럽게

해설 ▶ ㉠에는 1954년에 하와이에서 이루어진 연구와 관련된 단어가 들어가야 합니다. 그 연구 결과에 따르면 불행한 삶을 살고 있는 사람들은 불우한 환경에서 태어나 고난을 극복하지 못한 경우가 대부분이라고 하였습니다. 따라서 연구 주제는 무엇이 사람들을 불행하게 만드는가에 대한 내용임을 알 수 있습니다.

💡 장면 속 분위기 상상하기

6. ㉮를 바탕으로 다큐멘터리를 만들려고 합니다. ㉮의 분위기와 가장 잘 어울리는 계획은 무엇인가요? (①)

① 마지막 장면은 밝은 화면으로 구성하여 인물의 낙관적인 마음을 표현해야겠어.

② 인물의 현재 상황을 효과적으로 드러내기 위해 비극적인 느낌의 음악을 틀어야겠어.

③ 인물의 현재 마음 상태를 보여 주기 위해 고통스러운 얼굴을 확대하여 보여 줘야겠어.

④ 처음부터 끝까지 조명을 어둡게 하여 인물의 불행이 앞으로도 계속될 것임을 드러내야겠어.

⑤ 화려한 의상을 입은 현재 모습을 통해 성공한 사람으로 보이려는 인물의 허영심을 표현해야겠어.

해설 ▶ 장면의 분위기는 글의 주제나 글쓴이의 의도와 밀접한 관련을 갖습니다. ㉮의 사례를 다큐멘터리로 만들 때, 처음에는 어두운 분위기이지만 뒤로 갈수록 삶의 위기를 극복한 인물의 모습을 보여 주어 긍정적이며 낙관적인 분위기를 연출할 수 있습니다.

---

1 단어 뜻 알기

빈칸에 들어갈 알맞은 단어를 〈보기〉에서 찾아 쓰세요.

┌─────── • 보기 • ───────┐
우울   극복   마비   명상
└──────────────────────┘

1. 이번 시험을 망쳐서 (우울)하다.
뜻 ▶ 몹시 슬프거나 걱정스러워 마음이 어둡고 가라앉은 것.

2. 그는 오랜 (명상) 끝에 큰 깨달음을 얻게 되었다.
뜻 ▶ 눈을 감고 고요한 마음으로 깊은 생각에 빠지는 것.

3. 이 소설에는 어려움을 슬기롭게 (극복)한 주인공이 나온다.
뜻 ▶ 어렵고 힘든 일을 잘 이겨 내는 것.

4. 오래 무릎 꿇고 있었더니 다리에 (마비)이/가 와서 일어나지 못하겠어.
뜻 ▶ 신경이나 근육이 잘못되어 감각이 없어지거나 몸을 움직일 수 없게 되는 것.

2 관용 표현 알기

다음 빈칸에 들어갈 알맞은 말을 쓰세요.

> **"첫술에 배부르랴"**
>
> 아쉽게도 우리는 긍정적으로 마음만 먹는다고 바로 긍정적인 사람이 될 수 있는 것이 아닙니다. 긍정적인 생각이 몸에 익숙해지도록 계속 훈련을 해야 합니다. 이 속담은 음식을 먹을 때에도 첫술, 즉 처음으로 드는 숟가락에 배가 부를 수 없다는 말로, 어떤 일이든지 단번에 만족할 수는 없음을 빗대어 이르는 말입니다.

3 한자어 익히기

다음 한자어를 소리 내어 읽고 빈칸에 따라 써 보세요.

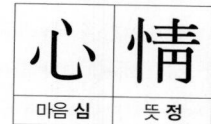

心情

마음 심 / 뜻 정

심정(心情): 마음속 생각이나 느낌.

· 친구 소식을 알 수 없어 답답한 심정이다.

· 주위 사람들에게 솔직한 심정을 털어놓았다.

· 지금의 행복한 심정을 말로 다 표현할 수가 없다.

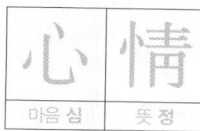

心情

마음 심 / 뜻 정

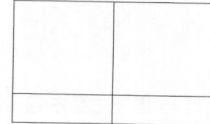

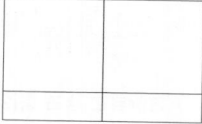

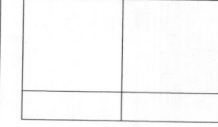

05회 읽기 방법 익히기

1 배경이나 인물이 비슷한 글 찾아 읽기

한 편의 글을 다른 글과 연결해서 읽으면 더 깊이 이해할 수 있습니다. 특히 이야기라면 인물의 성격, 행동, 상황이 비슷한 작품이나, 시간적·공간적 배경이 비슷한 작품을 찾아 서로 엮어 읽을 수 있습니다. 이렇게 두 글을 비교하며 읽다 보면, 글 하나만 읽을 때는 드러나지 않던 글의 특징이 더 잘 드러납니다. 또 글쓴이의 의도가 분명해지기도 합니다.

★ **배경이나 인물이 비슷한 글을 찾아 읽을 때는,**
(1) 읽은 글과 비슷한 인물, 배경이 나타난 글을 고릅니다.
(2) 두 글이 어떤 점에서 비슷하고 다른지를 비교합니다.
(3) 비교를 통해 글쓴이의 의도나 글의 특징을 좀 더 깊이 있게 이해합니다.

1 다음 글을 읽고, 배경이나 인물이 서로 비슷한 글을 찾아 읽은 학생에 √표 하세요.

> 영조는 공사를 시작하기까지 7년의 준비 기간을 두었다. 그동안 공사를 해야 하는지에 대한 의견을 개천 주변 백성들에게 직접 묻곤 하였다. 하루는 영조가 개천에 나아가 "개천을 파는 것을 옳게 여기는 자는 앉고, 옳지 않게 여기는 자는 서라." 하였다. 이때 누군가 "공사를 하고 안 하고는 중요하지 않습니다. 집주인이 자기 집을 잘 지키면 될 뿐입니다."라고 대답을 하였다. 그러자 영조는 비록 다른 사람과 생각이 달라도 자신의 의견을 당당히 말했다며 그에게 상을 주었다. 또 과거 시험에서는 준천의 좋은 점과 나쁜 점을 묻는 문제를 내어 선비들의 의견을 듣기도 하였다. 영조가 이렇게 여러 차례 의견을 물은 이유는 공사에 참여하는 백성들이 힘들어할 것을 걱정했기 때문이었다. 그래서 대부분의 백성들이 준천이 필요하다고 생각한다는 것을 확인하고 나서야 공사를 시작하였다.

나는 영조와 비슷한 시대 사람인 '박지원'의 소설을 찾아 읽었어. 그리고 나니 조선 후기의 모습을 좀 더 이해할 수 있었어.

시우
(√)

나는 영조와 비슷한 인물로 미국 대통령이었던 '링컨'에 관한 글을 찾아 읽었어. 백성과 국민을 중요하게 생각했다는 점에서 비슷하다고 생각해.

나래
(√)

나는 신체적 장애를 극복한 인물인 '헬렌 켈러'에 관한 글을 찾아 읽었어. 다른 사람들의 편견 때문에 고통을 받았다는 점에서 영조와 비슷해.

주원
( )

2 (가)와 (나)에 나타난 인물의 공통된 모습으로 볼 수 없는 것을 모두 고르세요. (② , ⑤)

(가) 안녕하세요, 저는 신아영입니다. 제가 소개할 기부 물품은 아프리카 어린이들을 위한 비누입니다. 아프리카 어린이들은 질병에 취약한 환경에서 살고 있습니다. 병원이나 의사가 부족해서 단순한 질병도 치명적일 수 있습니다. 따라서 병에 걸린 후에 치료를 받는 것보다 걸리기 전에 미리 예방하는 것이 더욱 중요합니다.

상당히 많은 질병이 손 씻기만으로도 예방될 수 있습니다. 비누로 꼼꼼하게 손을 씻으면 바이러스에 감염될 확률이 매우 낮아집니다. 면역력이 약한 아이들일수록 손을 잘 씻어야 하지만 아이들에게 손 씻기의 중요성을 가르치고 실천하도록 하는 게 쉽지 않습니다.

그래서 저는 장난감을 넣은 비누를 제작했습니다. 먼저 손을 씻으면 바이러스에 감염되지 않는다는 사실과 비누를 다 사용하면 장난감을 얻을 수 있다는 것을 알려 줍니다. 그러면 아이들은 장난감을 얻기 위해서라도 비누를 꾸준히 사용할 것입니다. 그렇게 함으로써 아이들을 질병으로부터 보호할 수 있을 것입니다.

(나) 안녕하세요, 저는 오하준입니다. 제가 소개할 기부 물품은 정수기 자전거입니다. 아프리카에는 물이 부족해서 어려움을 겪는 사람이 많고, 각종 수인성 전염병[*]으로 아프거나 죽는 사람들도 있습니다. 상하수도 시설이 좋지 않고 깨끗한 물을 얻기가 매우 힘들기 때문입니다. 게다가 전기 공급이 원활하지 않기 때문에 우리가 사용하는 정수기를 사용하는 것도 어렵습니다.

하지만 이 정수기 자전거를 사용하면 아프리카 사람들이 좀 더 손쉽게 깨끗한 물을 얻을 수 있습니다. 먼저 자전거 뒤쪽에 트렁크를 답니다. 이 트렁크에 물을 넣고 페달을 밟습니다. 그러면 페달을 밟는 힘이 자전거 안에 있는 펌프를 작동시킵니다. 그 펌프가 물을 정화하면 호스를 통해 앞쪽에 달린 물통으로 깨끗한 물이 옮겨집니다. 먼 곳에서 물을 실어오면서 정수까지 한번에 가능한 것입니다. 이 자전거를 보급하면 많은 아프리카 사람들이 깨끗한 물을 마실 수 있을 것입니다.

* **수인성 전염병**: 물이나 음식물에 들어 있는 세균에 의하여 전염되는 병.

① 건강을 가장 우선하여 생각하고 있다.
② 아이들이 처한 어려움을 해결하려고 한다.
③ 어려운 처지에 있는 사람들을 도우려고 한다.
④ 창의적인 물건으로 사람들에게 혜택을 주려 한다.
⑤ 혁신적인 상품을 개발하여 사람들에게 판매하려고 한다.

해설 두 사람은 아프리카 사람들을 위해 기부할 새로운 아이디어 제품을 소개하고 있습니다. '신아영'은 아프리카 어린이를, '오하준'은 아프리카 사람들 전체를 돕고자 합니다. 또한 두 사람은 모두 혁신적인 상품을 개발하여 판매하려 하기보다는 독창적인 아이디어로 아프리카 사람들의 어려움을 개선해 주려고 합니다.

2 문단 간의 관계(나열, 인과) 파악하기

한 편의 글에서 문단과 문단은 각자 나름의 역할을 하며 서로 논리적인 관계를 맺고 있습니다.

'나열'은 문단과 문단이 비슷한 내용과 수준으로 연결된 것을 말합니다.

예 '예절 바른 생활'에 대한 글: 인사, 배려, 공경 등의 내용으로 각 문단을 구성하여 대등하게 연결할 수 있습니다.

'인과'는 문단과 문단이 원인과 결과의 관계로 연결된 것을 말합니다.

예 '아침 독서의 기적'에 대한 글: 아침 독서 활동을 원인으로 제시하고, 그 활동의 결과로 일어난 독서의 효과를 인과 관계로 연결할 수 있습니다.

★ 문단과 문단의 관계를 확인하려면,

(1) 각 문단의 핵심어를 파악합니다.

(2) 각 문단이 글의 주제를 드러내기 위해 어떤 관계로 연결되어 있는지를 살펴봅니다.

(3) ┌ 각 문단이 같은 성격과 수준의 내용을 나란히 연결하고 있다면 '나열'입니다.
└ 각 문단이 원인과 결과의 관계로 연결되어 있다면 '인과'입니다.

---

1 다음 글에 대한 설명으로 알맞지 <u>않은</u> 것에 ∨표 하세요.

> 최근 들어 많은 사람이 사이버 공간에 더 오래 머물게 되면서 사이버 폭력은 더욱 심각한 사회 문제가 되고 있다. 그렇다면 사이버 폭력의 유형에는 무엇이 있을까?
>
> ㉮ 첫째, 언어폭력이 있다. 채팅이나 문자 메시지, 게시판, 댓글 등을 통해 욕설을 하거나 놀리고 남을 험담하는 말을 쓰는 경우이다. 한 조사에 따르면, 여러 사이버 폭력 중에서도 언어폭력을 경험한 경우가 가장 많았다.
>
> ㉯ 둘째, 사이버 명예 훼손이 있다. 이는 사실인지 아닌지와 관계없이 다른 사람을 헐뜯고 명예를 떨어뜨리는 것을 말한다. 유명인들이 심한 욕설이나 비방을 포함한 댓글을 단 사람들을 경찰에 신고하는 것도 명예 훼손 때문이다. 이런 경우 피해자들은 씻을 수 없는 상처를 입는다. 그 마음의 상처 때문에 오랫동안 치료를 받는 경우도 많다.

(1) ㉮의 핵심어는 언어폭력이야. ( )
(2) ㉯의 핵심어는 사이버 명예 훼손이야. ( )
(3) ㉮와 ㉯의 문단이 맺고 있는 관계를 '인과'라고 해. (∨)
(4) ㉮와 ㉯는 모두 사이버 폭력이라는 주제를 구체적으로 설명하고 있어. ( )

해설 ㉮와 ㉯는 문단과 문단이 비슷한 내용과 수준으로 연결된 '나열'의 관계를 맺고 있습니다.

---

2 다음 글의 문단 간 관계로 알맞은 것은 무엇인가요? (④)

> 글을 읽을 때는 여러 가지 질문을 만들며 읽을 수 있다. 질문하며 읽으면 책 읽기가 재미있어진다. 질문은 생각을 불러일으키고 호기심을 자아내기 때문이다.
>
> 첫째, 글에 드러난 정보에 대해 질문을 만들 수 있다. 정보에 담긴 의미나 기능, 적절성 등에 대한 질문이다.
>
> 둘째, 글의 숨은 정보에 대해 탐색하는 질문을 만들 수 있다. 작가의 의도나 생략된 정보 등에 대한 질문이다.
>
> 셋째, 나와 관련된 질문을 만들 수 있다. 나의 기억, 내가 궁금해하는 내용 등을 중심으로 한 질문이다.

① 순서   ② 비교   ③ 대조
④ 나열   ⑤ 인과

해설 이 글은 질문을 만들며 책을 읽는 방법을 설명한 내용입니다. 질문의 세 가지 유형이 나와 있고, 이 유형이 나란히 대등하게 연결되어 있습니다. 이런 연결 방식을 '나열'이라고 합니다.

---

3 다음 글을 읽고, 빈칸에 알맞은 말을 쓰세요.

> (가) 민수는 친구들과의 사이가 예전 같지가 않아 고민이었다. 말을 걸어오는 친구가 부쩍 줄어든 것이다. 그때 선생님께서는 말하는 방식을 바꾸어 보라고 제안하셨다. '안 돼.', '못 해.', '싫어.'와 같은 부정적이고 단정적인 표현은 줄이고, 대신 '해 보면 어떨까?', '다르게 생각할 수도 있지 않을까?', '할 수 있지 않을까?'처럼 긍정적인 대화형 표현을 늘리라는 말씀이셨다. 민수는 선생님의 말씀대로 노력해 보기로 하였다.
>
> (나) 그 결과 민수가 말하는 방식에는 큰 변화가 생겼다. 친구들과 이야기하기 전에 먼저 생각하고 말하는 습관이 생겼다. '이렇게 말하면 너무 내 주장만 강하게 내세우는 건 아닐까?', '좀 더 긍정적인 말은 없을까?' 그러다 보니 민수는 천천히 생각하면서 말하는 아이가 되었다. 상대방의 의견도 잘 받아들이게 되었다.
>
> 그래서인지 한 달쯤 지나니 말을 걸어오는 친구들이 눈에 띄게 많아졌다. 함께 놀자고 하는 친구도 있고, 숙제를 같이 하자는 친구도 생겼다. 민수는 이 변화가 모두 신기하였다.

➡ (가)와 (나)는 (인과) 관계로 연결되어 있다.

해설 이 글은 민수에게 일어난 일을 인과 관계에 따라 연결한 글입니다. (가)에 제시된 선생님의 제안에 따른 민수의 노력이 (나)의 결과로 연결되어 있습니다. (나)의 '그 결과'라는 표현을 주목하면 더욱 분명히 알 수 있습니다.

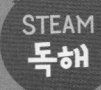

크루아상 이야기

이 글의 중심 화제는 **크루아상**입니다. 크루아상과 관련된 **역사, 미술, 사회, 과학**을 공부해요.
크루아상 속 숨겨진 역사 이야기와 이슬람교라는 종교를 함께 이해해 보세요.

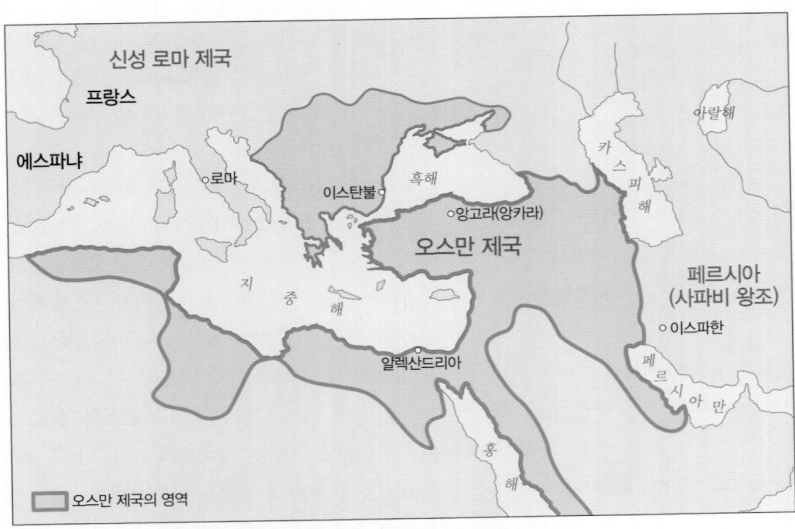

▲ 오스만 제국의 최대 영역

십자가가 기독교의 상징이라면 초승달은 이슬람교의 상징입니다. 이슬람교의 창시자 마호메트가 알라*로부터 최초로 계시를 받았을 때 초승달과 샛별이 함께 떠 있었기 때문이라고 전해집니다. 지금도 많은 이슬람교 국가에서 초승달을 국기의 상징으로 사용하고 있습니다. 이슬람교를 국교로 삼고 있는 국가들의 시작에는 오스만 제국*이 있습니다. 오스만 제국은 15세기에 비잔틴 제국*을 무너뜨리고 아시아, 아프리카, 유럽을 연결하는 대제국을 건설했습니다. 15세기에 오스만 제국이 초승달과 별을 국장*으로 채택한 이후, 이슬람권에 이 도안이 퍼져 나간 것으로 알려져 있습니다. 이슬람의 상징인 초승달이 그려진 깃발을 휘날리며 유럽을 위협했던 오스만 제국 때문에 한때 초승달 모양은 유럽인들에게 두려움의 상징이었습니다. ➡ 이슬람교를 상징하는 초승달

▲ 알제리 국기

한편, 우리나라에서도 쉽게 사 먹을 수 있는 빵 중에 '크루아상'이 있는데 이 빵 또한 초승달 모양을 하고 있습니다. 크루아상은 바삭바삭한 겉면과 부드러운 속을 가진 매력적인 빵으로 오늘날 세계 여러 사람이 즐겨 먹는 빵입니다. 그런데 많은 사람이 크루아상의 원조를 프랑스라고 알고 있지만, 사실 크루아상의 원조는 프랑스가 아닙니다. ➡ 초승달 모양의 크루아상

크루아상의 유래를 살펴보면 17세기로 거슬러 올라갑니다. 1683년 오스만 제국은 오스트리아의 수도 빈을 완전히 포위하고 성벽 아래로 터널을 뚫어 폭파하려고 했습니다. 폭파하려던 날 밤 빵을 만들고 있던 제빵사가 땅속에서 들리는 적군의 작전 대화를 듣고 적군이 곧 쳐들어온다는 것을 알렸습니다. 제빵사의 정보 덕분에 오스트리아는 오스만 제국과의 전투에서 승리합니다. 이 공로로 제빵사는 명문가인 페데스부르크 가문의 훈장을 제과점의 상징으로 사용할 수 있는 특권을 받게 되었습니다. 이에 대한 답례로 제빵사는 오스만 제국 군대의 깃발에서 본 초승달 모양의 빵을 만들었다는 설이 전해집니다. ➡ 크루아상의 유래

그리고 오스트리아의 공주 마리 앙투아네트가 프랑스 루이 16세와 결혼하면서 이 빵을 프랑스에 전한 이후 널리 유명해지기 시작하였습니다. 프랑스어로 초승달이라는 뜻의 단어가 바로 '크루아상'입니다. ➡ 프랑스어로 초승달을 뜻하는 크루아상

---

* **알라**: 이슬람교의 유일 · 절대 · 전능의 신.
* **오스만 제국**: 1299년에 오스만 일세가 셀주크 제국을 무너뜨리고 소아시아에 세운 이슬람 제국.
* **비잔틴 제국**: 4세기 무렵, 로마 제국이 동 · 서로 분열할 때 아르카디우스가 콘스탄티노플을 수도로 하여 세운 나라. 제국의 멸망 시기에 대해서는 여러 의견이 있지만, 일반적으로 1453년 5월 29일 오스만 제국의 술탄 마호메트 2세에 의해 콘스탄티노폴리스가 점령당한 시점이라는 견해가 가장 우세함.
* **국장**: 한 나라를 상징하는 공식적인 표장(標章)을 통틀어 이르는 말.

1 이슬람교 국가들이 국기에 주로 사용하는 소재 두 가지를 찾아 쓰세요.

<u>초승달, 별</u>

해설 ▶ 오스만 제국이 초승달과 별을 국장으로 채택한 이후 현재까지 이슬람권에 속한 많은 국가의 국기에서 초승달과 별을 상징으로 사용하고 있습니다.

2 이 글의 내용으로 맞으면 ○표, 틀리면 ×표 하세요.

(1) 크루아상의 원조는 프랑스이다. (×)

해설▶ 크루아상은 오스트리아에서 프랑스로 전해진 빵이므로 크루아상의 원조는 프랑스가 아닙니다.

(2) 오스만 제국은 이슬람교를 믿는 국가였다. (○)

해설▶ 오스만 제국은 이슬람교를 믿는 국가라고 하였습니다.

(3) 1683년 오스트리아와 오스만 제국 사이의 전투에서 오스만 제국이 승리하였다. (×)

해설▶ 1683년 오스트리아와 오스만 제국 사이의 전투에서는 제빵사의 정보 덕분에 오스트리아가 승리하였습니다.

3 '크루아상'은 프랑스어로 무슨 뜻인지 이 글에서 찾아 쓰세요.

(초승달)

해설▶ 마지막 문단에서 확인할 수 있습니다.

4 다음 지도에서 프랑스와 오스트리아의 위치를 찾아 색칠해 보세요.

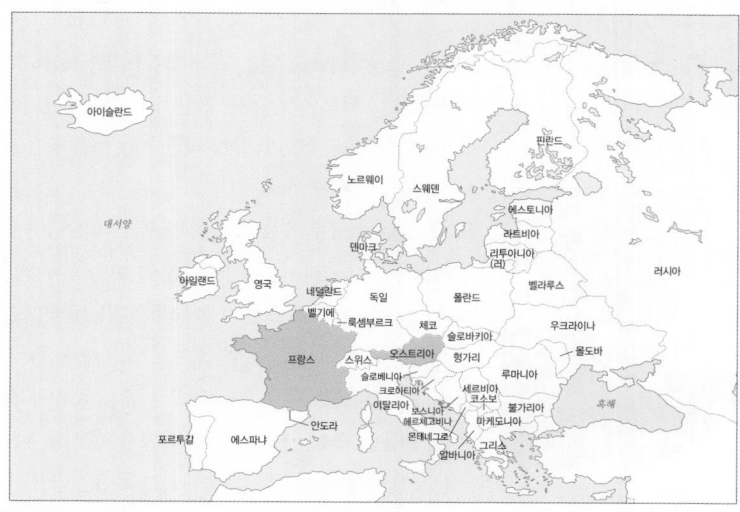

해설▶ 프랑스와 오스트리아는 크루아상과 관련이 깊은 나라들입니다.

5 다음 자료를 보고, 빈칸에 알맞은 단어를 쓰세요.

이슬람교 국가들의 국기에 그려진 달을 흔히 '초승달'이라고 합니다. 그런데 이는 오랜 시간이 흐르면서 번역상 오류가 생겨 일어난 일이라고 알려져 있습니다.

▲ 터키의 국기   ▲ 코모로의 국기

아래 그림을 참고하면, 과학적으로 이슬람교 국가들의 국기에 그려진 달의 모양은 (그믐) 달이라고 해야 정확한 표현입니다.

초승달 → 상현달 → 보름달 → 하현달 → 그믐달

해설▶ 제시된 그림에서 달의 변화 과정을 살펴보면, 이슬람교 국가들의 국기에 그려진 달의 모양은 그믐달임을 알 수 있습니다.

6 이슬람교를 믿는 국가들을 더 찾아보고, 그중 한 곳의 국기를 그려 보세요.

예시 답▶ 생략

해설▶ 이슬람교를 믿는 국가들로는 말레이시아, 사우디아라비아 등의 나라들을 더 찾아볼 수 있습니다.

ERI 지수 574 사회 | 지리

태풍, 가뭄, 홍수, 지진, 화산 폭발처럼 자연에서 일어나는
일 때문에 입는 피해를 자연재해라고 한다. 그중 태풍은 주로
생명이나 재산 등에 손해를 입음.
우리나라 여름에 강한 바람과 많은 비를 몰고 와 사람과 재산에

피해를 주는 자연재해이다. 기상청 조사 결과 1936년 8월에 왔
던 태풍 '3693호'는 약 1,232명에게 피해를 입혔다. 2002년 8월
에 왔던 태풍 '루사'는 5조 1,497억여 원에 이르는 재산 피해를
냈다. 이 두 태풍은 각각 사람과 재산에 가장 많은 피해를 준 태
풍으로 꼽혔다.
➡ 자연재해 중 하나인 태풍의 특성

다른 자연재해와 달리 태풍에는 이름이 있다. 이름은 보통 다
른 것과 구별하기 위하여 사람이나 동물, 사물이나 기관에 붙여진다. 태풍에 이름을 붙이는 것은
성질이나 종류에 따라 차이가 남. 또는 성질이나 종류에 따라 갈라놓음.
태풍이 일주일 이상 계속되기도 하고, 비슷한 시기에 한 개 이상의 태풍이 발생할 수 있기 때문에
구별이 필요해서이다.
➡ 태풍에 이름을 붙이는 까닭

태풍의 이름은 1953년 오스트레일리아가 처음 붙이기 시작하였다. 2000년부터는 세계 기상 기
비, 눈, 바람, 구름, 더위, 추위 같은 날씨를 두루 이르는 말.
구*가 태풍의 영향을 받는 14개 나라에서 이름을 10개씩 제출받아 사용하고 있다. 전체 140개의
과제나 의견 등을 냄.
이름을 모아서 28개씩 5개 묶음을 만든 다음, 태풍이 생길 때마다 첫 번째 묶음부터 다섯 번째 묶
음까지 차례대로 이름을 사용한다. 이렇게 해서 140개의 이름을 모두 사용하면 첫 번째 묶음부터
이름을 다시 사용하게 된다. 태풍이 해마다 약 26~27개가 발생하므로 같은 이름이 약 5년마다
한 번씩 쓰이는 셈이다.
➡ 태풍의 이름을 모으고 사용하는 방식

우리나라가 제출한 이름은 개미, 제비, 장미, 독수리 등 10개이다. 북한은 소나무, 갈매기, 민
들레, 무지개 등을 태풍 이름으로 제출하였다. 그런데 명단에 들어간 이름이 바뀌는 경우도 있다.
큰 피해를 준 태풍의 이름이 명단에서 지워지기도 하기 때문이다. 예를 들어, 우리나라의 '독수리'
는 이전에 있던 '나비'를 대신해서, 북한의 '무지개'는 '매미'를 대신해서 들어간 이름이다.
➡ 우리나라와 북한이 제출한 태풍 이름 및 태풍 이름이 바뀌는 까닭

* 세계 기상 기구: 국가 간 기상 정보를 교환하고 협력하기 위하여 만들어진 국제기관.

---

1. 이 글의 내용과 일치하지 않는 것은 무엇인가요? (④)

① 기상청에서는 태풍 피해를 조사한다.
② 태풍은 주로 여름에 우리나라에 온다.
③ 태풍은 사람과 재산에 피해를 줄 때가 많다.
④ 태풍 이름은 전 세계 나라에서 하나씩 짓는다.
⑤ 약 5년에 한 번꼴로 같은 태풍 이름이 쓰인다.

> 해설 이 글은 태풍의 이름을 중심으로 태풍에 대해 설명한 글입니다. 선택지가 이 글의 내용에 들어맞는지 확인하면 정답을 찾
> 을 수 있습니다. 태풍 이름은 태풍의 영향을 받는 14개 나라에서 제출한 이름을 사용하여 짓습니다. ① 1문단에서 기상청
> 의 조사 결과를 인용한 것을 보면 기상청에서 태풍 피해를 조사하였음을 알 수 있습니다.

어휘 관계 파악하기

2. 이 글의 내용을 바탕으로 빈칸에 알맞은 말을 쓰세요.

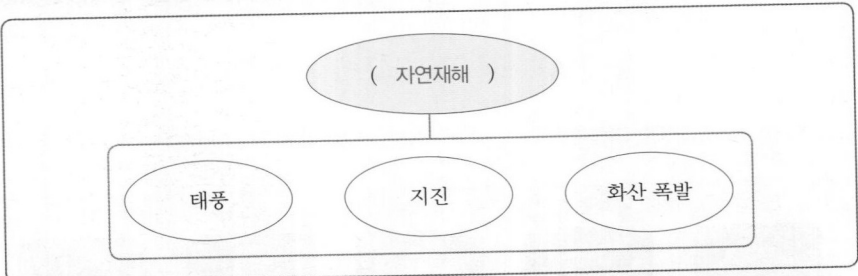

> 해설 제시된 그림은 단어의 상하위 관계를 나타내고 있습니다. 하위어인 태풍, 지진, 화산 폭발을 아우르는 상위어를 생각하여
> 빈칸을 채우면 됩니다.

> 해설 이 표는 같은 범주에 속하는 단어들의 의미를 분명하게 파악하기 위해 만든 일종의 '의미 자질 분석표'로, 한 단어가 어떤
> 특성을 가지고 있을 때는 +, 그렇지 않을 때는 −로 표시한 것입니다. 태풍, 지진, 홍수는 사람과 재산에 피해를 주는 특
> 징이 있어서 해당 칸이 +로 표시됩니다. 한편 태풍은 이름이 있어 해당 칸이 +이지만, 지진이나 홍수는 이름이 없어 해당
> 칸이 −로 표시되어야 합니다.

세부 내용 파악하기

3. 다음은 이 글을 읽고 각각의 자연재해가 해당하는 '특징'을 가지고 있으면 +, 없으면 −로 표시하여
정리한 표입니다. 빈칸에 알맞은 기호를 쓰세요.

특징 종류	사람 피해	재산 피해	이름 갖기
태풍	+	+	(+)
지진	+	+	−
홍수	+	+	−

4. 태풍에 이름을 붙인 까닭으로 알맞은 것에 ✓표 하세요.

(1) 원래 다른 자연재해에도 이름을 붙이므로 ( )

(2) 태풍이 피해 없이 지나가기를 바라는 마음을 표현하기 위해 ( )

(3) 태풍이 길게 이어지고 다른 태풍과 동시에 발생할 수 있어서 구별이 필요하기에 (✓)

해설 2문단은 태풍에 이름을 붙이게 된 까닭을 설명하고 있습니다. 이 문항에 답하기 위해서는 2문단의 '태풍에는 이름이 있다.'라는 내용과 '구별이 필요해서'라는 태풍에 이름을 붙인 까닭을 설명하는 내용을 연결하여 이해해야 합니다.

내용 추론하기

5. 다음은 이 글의 일부분입니다. 읽고 미루어 짐작할 수 있는 내용으로 알맞은 것에 ✓표 하세요.

> 기상청 조사 결과 1936년 8월에 왔던 태풍 '3693호'는 약 1,232명에게 피해를 입혔다. 2002년 8월에 왔던 태풍 '루사'는 5조 1,497억여 원에 이르는 재산 피해를 냈다. 이 두 태풍은 각각 사람과 재산에 가장 많은 피해를 준 태풍으로 꼽혔다.

(1) 한 개의 태풍은 사람이나 재산 둘 중 하나에만 피해를 준다. ( )

(2) 1936년에는 태풍에 고유한 이름이 없어 번호를 붙여 구별하였다. (✓)

해설 2002년 '루사'와 달리 1936년 큰 피해를 준 태풍은 고유한 이름 없이 일련번호인 '3693호'로 되어 있는 것을 볼 때 그 당시에는 태풍에 이름을 붙이지 않았음을 짐작할 수 있습니다. 또한, 3문단에서 태풍에 이름을 붙이기 시작한 것이 1953년이라는 내용과 연결하여 이해하면 (2)에서 짐작한 내용이 적절합니다. (1) 이 글의 기상청 조사 결과는 사람 또는 재산에 최대 피해를 준 태풍에 대한 것이지, 태풍이 사람이나 재산 중 어느 하나에만 피해를 준다는 것을 뜻하지는 않습니다.

자기 생각 말하기

6. 만약 여러분이 태풍의 이름을 짓는다면 무엇으로 짓고 싶은지, 그 이유와 함께 태풍에 이름을 붙여 보세요.

태풍 이름	예시 답▶ 순둥이
이유	예시 답▶ 우리 집 강아지 순둥이처럼 태풍이 큰 피해 없이 순하게 지나가라고

해설 이 문항은 정답이 없습니다. 다만 글을 읽고 자유롭게 원하는 이름을 붙이되, 그 이유와 붙인 이름이 서로 잘 어울려야 합니다.

---

1 단어 뜻 알기

빈칸에 들어갈 알맞은 단어를 〈보기〉에서 찾아 쓰세요.

> • 보기 •
> 피해   구별   기상   제출

1. 국어 숙제를 내일까지 (제출)하기로 하였다.
뜻 과제나 의견 등을 냄.

2. 지난여름 홍수가 와서 큰 (피해)을/를 입었다.
뜻 생명이나 재산 등에 손해를 입음.

3. 요즘 옷은 남녀의 (구별)이/가 없는 경우가 많다.
뜻 성질이나 종류에 따라 차이가 남. 또는 성질이나 종류에 따라 갈라놓음.

4. 오늘은 (기상)이/가 좋지 않아서 비행기가 뜰 수 없대요.
뜻 비, 눈, 바람, 구름, 더위, 추위 같은 날씨를 두루 이르는 말.

---

2 관용 표현 알기

다음 밑줄 친 상황에서 쓸 수 있는 관용어의 빈칸에 알맞은 말을 쓰세요.

> 갑작스러운 태풍으로 배가 뜨지 않아 손님들이 꼼짝없이 우리 집에 갇혀 있게 되었다.

"발이 묶이다"

이 관용어는 몸을 움직일 수 없거나 활동할 수 없는 형편을 표현할 때 쓰는 말입니다.

태풍에 발이 묶였군.

---

3 한자어 익히기

다음 한자어를 소리 내어 읽고 빈칸에 따라 써 보세요.

名	單
이름 명	홑 단

명단(名單): 어떤 일에 관련된 사람들의 이름을 적은 표.

• 내 이름이 서명자 명단에 세 번째로 적혀 있다.
• 열심히 공부해서 합격자 명단에 이름을 올려야지.
• 참석자 명단을 미리 작성해서 게시판에 올려야 한다.

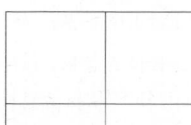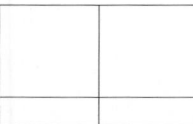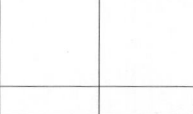

名	單			
이름 명	홑 단			

ERI 지수 575 사회 | 지리

가 "오늘 전주 날씨는 오전에는 맑다가 점점 구름이 끼면서 흐려지겠습니다."

아침에 뉴스에서 들은 오늘의 날씨 소식이다. 날씨는 하루나 며칠 사이에 바뀌는 짧은 기간의

대기 상태를 말한다. 오전에 맑다가 구름이 끼어 흐려지는 것처럼 말이다. (㉠) 기후는 어
지구를 둘러싸고 있는 공기.
느 지역에서 오랜 기간 반복되는 대기 상태를 말한다. 그래서 봄, 여름, 가을, 겨울 사계절이 있

고, 계절별로 온도 차이가 큰 우리나라의 기후는 해마다 비슷하게 나타난다.　➡ 날씨와 기후의 뜻

나 그러나 기후가 반복되는 모습을 보인다고 하여 전혀 바뀌지 않는 것은 아니다. 최근에는 지구

의 기온이 높아지는 온난화의 영향으로 기후가 변하고 있다. 이산화탄소와 같은 온실가스가 지구
　　　　　　　　　　　　　　　　　풀이나 나무가 추운 날씨에도 잘 자랄 수 있게 안이 늘 따뜻하게 만든 방.
의 온도를 높여 우리나라를 비롯한 세계 여러 곳의 기후를 바꾸고 있는 것이다.

다 기온이 올라가면 농작물을 심고 기르는 데 영향을 받　➡ 지구의 기후가 변하고 있는 까닭
　　논밭에 심어 가꾸는 곡식이나 채소.
는다. 기후 변화에 따라 지금까지 우리나라에서 자라던

식물이 살 수 있는 곳이 점점 북쪽 지역으로 바뀌면서 농

작물을 기르는 데에도 변화가 생기는 것이다. 귤은 원래

제주도에서만 길렀지만, 이제는 전남 고흥과 경남의 진주

와 통영에서도 기르고 있다. 서늘한 지역에서 잘 자라는

사과는 이제 기온이 올라간 대구에서보다는 서늘한 영월,
　　　　　　　　　　식물을 심어 가꿈.
정선, 양구 등 강원 산간 지역에서의 재배가 늘고 있다.
　　　　　　　　➡ 기후 변화로 농작물 재배 지역이 바뀜.
라 국립 기상 과학원은 2018년에 '한반도 100년 기후 변

화'를 발표하였다. 이에 따르면 현재와 같은 속도로 온난

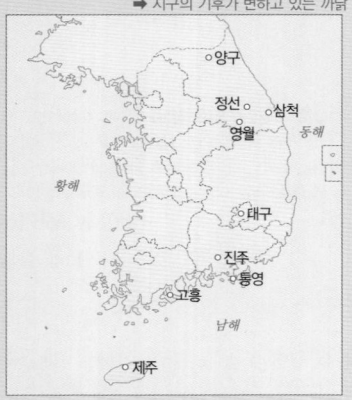

화가 이루어질 때 강원도 산간을 제외한 우리나라 대부분이 몇십 년 이후에는 아열대 기후로 바

뀐다고 한다. 아열대 기후는 열대와 온대 사이의 기후를 말한다. 이런 기후에서는 바나나가 잘 자

란다. 이렇게 되면 우리나라에서는 사과보다 바나나가 더 많이 생산될 수도 있다. 최근에는 삼척

에서도 바나나 기르기에 성공하였다고 하니 강원도에서 생산된 바나나를 먹을 날도 멀지 않은 듯

하다. 그러므로 우리나라에서 나는 맛있는 사과를 계속 먹으려면 온난화가 일어나지 않도록 온실

가스를 줄이는 노력을 아끼지 말아야 할 것이다.　➡ 온실가스를 줄이려는 노력이 필요함.

---

1. 이 글의 내용을 정확하게 이해한 것은 무엇인가요? (③)

① 전주 지역의 날씨는 매일 맑다가 흐려진다.

② 기후는 반복되는 것이므로 전혀 변화하지 않는다.

③ 우리나라의 기후가 점차 아열대 기후로 바뀌고 있다.

④ 요즘 사과가 가장 많이 생산되고 있는 곳은 대구이다.

⑤ 기온이 올라가는 것과 농작물 재배 사이에는 관련성이 없다.

해설 글 내용을 이해할 때에는 무엇보다 먼저 글에 어떤 내용이 쓰였는지를 정확하게 파악해야 합니다. 글에 쓰인 것을 마음대로 해석하거나 특별한 근거 없이 지나치게 확대하여 해석하면 글을 잘못 이해하게 되니 주의가 필요합니다. 나에서는 온실가스가 지구의 온도를 높여 우리나라를 비롯한 세계 여러 곳의 기후를 바꾸고 있으며, 라에서는 현재와 같은 속도로 온난화가 이루어질 때 우리나라 대부분이 몇십 년 이후에는 아열대 기후로 바뀐다고 하였습니다. ② 기후도 온난화 등의 영향을 받아 변화하고 있다고 하였습니다.

2. 다음 중 '날씨'와 '기후'의 차이를 가장 잘 보여 주는 것은 무엇인가요? (⑤)

① 온도의 차이

② 계절의 변화

③ 대기의 상태

④ 날씨 예보의 정확성

⑤ 대기 상태가 계속되는 기간

해설 가에 따르면 날씨는 하루나 며칠 사이에 바뀌는 짧은 기간의 대기 상태를, 기후는 오랜 기간 반복되는 대기 상태를 말합니다.

3. ㉠에 들어갈 말로 알맞은 것은 무엇인가요? (⑤)

① 그래서

② 이처럼

③ 그리고

④ 그러므로

⑤ 이와 달리

해설 ㉠ 앞뒤의 문장은 날씨와 기후의 차이점을 설명하고 있습니다. ㉠의 앞 문장이 날씨를, 그 뒤의 문장은 앞 문장과 차이를 보이는 기후를 설명하므로 두 문장은 의미상 대조적인 관계에 있습니다. 이러한 연결 관계를 드러내는 이어 주는 말을 찾으면 됩니다.

글의 구조 파악하기

4. 이 글의 내용을 다음과 같이 정리할 때, 빈칸에 들어갈 말로 알맞은 것은 무엇인가요? (③)

| 온실가스 배출 | 결과 → | ( ) | 결과 → | 농작물 재배 변화 |

① 날씨   ② 기후   ③ 온난화

④ 사과 재배   ⑤ 농작물 생산

해설▶ 이 글은 온난화로 인한 농작물 재배의 변화를 설명하고 있습니다. 그런데 온난화는 온실가스 배출의 결과이고, 그 결과인 온난화는 다시 농작물 재배 변화라는 결과를 낳습니다. 어떤 한 가지가 원인이 되어 어떤 결과를 만들어 내고, 그 결과가 또다시 다른 것의 원인이 되는 것입니다. 글이 이런 관계로 짜여 있다는 것을 알면 글 전체 내용을 이해하기가 쉽습니다.

세부 내용 파악하기

5. 이 글을 바탕으로 글쓴이가 제목에서 제기한 '사과를 계속 먹으려면?'이라는 질문에 답해 보세요.

질문: 사과를 계속 먹으려면?

답변: 온난화가 일어나지 않도록 온실가스를 줄이는 노력을 해야 한다.

해설▶ 이 글은 읽는 이가 관심을 가지도록 '사과를 계속 먹으려면?'이라는 질문을 제목으로 제시하면서 온난화의 영향이 과일 재배에 미치는 영향을 설명하고 있습니다. '온난화가 일어나지 않도록 온실가스를 줄이는 노력을 해야 한다.'라는 글의 중심 내용을 파악하여 질문에 답하면 됩니다.

⚠ 글의 내용을 그림으로 표현하기

6. 〈보기〉는 **라**의 귤 재배지 이동 내용을 지도에 표시한 것입니다. 〈보기〉처럼 사과 재배지 이동 내용을 지도에 표시해 보세요.

보기

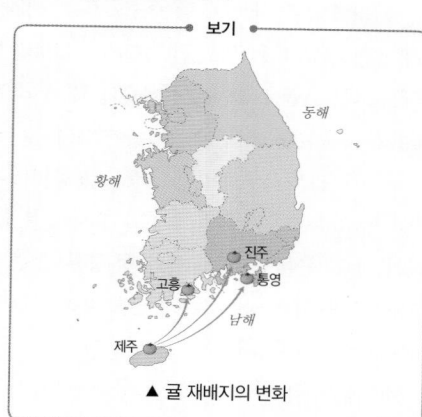

▲ 귤 재배지의 변화

▲ 사과 재배지의 변화

해설▶ 글로 쓰인 내용을 그림으로 나타내면 한눈에 볼 수 있어 이해하기가 쉽습니다. 이 그림과 같이 귤과 사과 재배지의 변화를 지도에 화살표로 표시하면 온난화로 우리나라 농작물 재배지가 북쪽으로 올라가고 있다는 것을 한눈에 파악하기 쉽고 더욱 실감 나게 이해할 수 있습니다.

---

1 단어 뜻 알기

빈칸에 들어갈 알맞은 단어를 〈보기〉에서 찾아 쓰세요.

• 보기 •
| 대기 | 온실 | 농작물 | 재배 |

1. 그의 취미는 난초 (재배)이다.
   뜻 식물을 심어 가꿈.

2. 겨울이지만 꽃이 (온실)에서 잘 피어 있다.
   뜻 풀이나 나무가 추운 날씨에도 잘 자랄 수 있게 안이 늘 따뜻하게 만든 방.

3. 비가 많이 와서 (농작물)이/가 큰 피해를 입었다.
   뜻 논밭에 심어 가꾸는 곡식이나 채소.

4. 생물이 살아가려면 (대기)이/가 오염되지 않아야 한다.
   뜻 지구를 둘러싸고 있는 공기.

2 관용 표현 알기

다음 빈칸에 들어갈 알맞은 말을 쓰세요.

"귤이 회수(강)를 건너면 탱자가 된다"

이 말은 고사성어에서 유래한 말로, 심는 지역에 따라 귤이 탱자가 되듯이 사람도 환경에 따라 달라진다는 뜻을 지닌 말입니다. 식물을 옮겨 심으면 잘 자라지 못하거나 열매의 맛이 변화하듯 사람도 환경이 바뀌면 성격이나 행동이 달라질 수 있습니다.

3 한자어 익히기

다음 한자어를 소리 내어 읽고 빈칸에 따라 써 보세요.

溫	暖
따뜻할 온	따뜻할 난

온난(溫暖): 날씨가 따뜻함.
• 이곳은 기후가 온난한 지역이다.
• 환경 오염이 지구 온난화의 주요 원인이다.
• 기온 변화가 커 온난과 이상 저온이 되풀이된다.

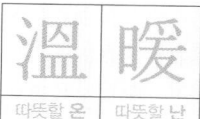 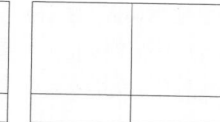

溫	暖
따뜻할 온	따뜻할 난

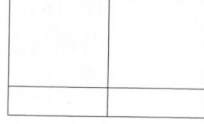 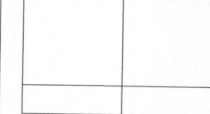

ERI 지수 587 사회 | 지리

가 조선 시대에 귤은 임금님에게 올리는 귀한 과일이었다. 그러나 제주도에서 기른 귤을 임금님

이 사는 한양으로 무사히 가져가기는 매우 어려웠다. 옛날에는 오늘날과 같이 교통이 발달하지

않았기 때문이다. 제주도에서 귤을 실은 배가 서울로 가려면 사람이 직접 노를 젓거나 바람을 이
_{학문, 기술, 사회 등이 더 높은 수준에 이름.}

용해야 했다. 귤을 옮기던 배가 ㉠풍랑을 만나 일본이나 중국으로 갔던 일도 있었다고 한다. 시간

이 오래 걸리다 보니 귤이 상하는 일도 잦았다. 이를 보면 귤을 무사히 한양으로 가져가는 것이

얼마나 어려운 일이었는지 짐작할 수 있다.
_{사정이나 일의 형편을 어림잡아 생각함.}   → 조선 시대에 귤이 귀한 과일이었던 까닭

나 귤이 한양에 도착하면 임금님은 먼저 돌아가신 왕들에게 귤을

바쳤다. 이후 신하들과 성균관*에서 공부하는 학생들에게도

나누어 주었다. 그리고 이를 기념하기 위하여 '황감제'라는
_{어떤 뜻깊은 일이나 사람을 잊지 않고 마음에 담아 둠.}

특별 과거 시험을 치르도록 하였다. '황감(黃柑)'은 '노란 귤',

'제(製)'는 '글짓기'라는 뜻으로 황감제는 귤이 온 것을 기념하는

▲ 황감(노란 귤)

시험이다. 귤이 귀해서 이 시험을 보러 온 선비들이 귤을 얻기 위해 다툼을 벌이기도 하였다는 이

야기도 전해진다.   → 귤이 한양으로 올라온 것을 기념하는 시험인 황감제

다 예전과 다르게 요즈음에는 귤을 언제, 어디서나 쉽게 먹을 수 있다. 교통이 발달하여 제주도

에서 보낸 귤을 하루 만에 전국에서 쉽게 맛볼 수 있기 때문이다. 교통의 발달은 제주도 귤뿐만이

아니라 다른 나라에서 기른 과일도 쉽게 우리의 식탁에 오르게 한다.   → 교통의 발달로 흔한 과일이 된 귤

라 이처럼 교통의 발달은 사람들의 삶에 좋은 영향을 준다. 사람과 물건의 이동이 쉬워지면서 산

업과 경제가 발달하게 된다. 또 교통의 발달은 사람이 활동하는 범위를 넓혀 멀리 이동할 수 있게

도와준다. 세계 여러 지역을 쉽게 찾아가 그곳 사람들과 어울리면서 다양한 문화가 생겨나게 한

다. 또한 장소를 이동하는 데 걸리는 시간을 줄여 준다. 그래서 사람들이 더 많은 일을 하면서도

휴식을 취하거나 취미 생활을 하는 등의 여유를 가질 수 있도록 한다.
　　　　　　　　　　　　　　　　　　　　　　　　　　　→ 교통 발달이 사람들의 삶에 미치는 좋은 영향

마 그러나 교통의 발달이 좋은 점만 있는 것은 아니다. 교통량이 늘어나면서 차가 막히거나 공기

가 오염된다. 교통사고가 늘어나 소중한 생명이 다치는 등 여러 가지 문제가 생긴다. 따라서 ㉡교
_{공기나 물 같은 것이 더러워지는 것.}

통량 증가로 인한 문제점을 줄이는 슬기로운 방법을 찾아야 할 것이다.   → 교통 발달에 따른 문제점

* **성균관:** 고려 시대와 조선 시대에 유학을 가르치던 최고 교육 기관.

내용 파악하기

1. 이 글의 내용과 일치하지 **않는** 것은 무엇인가요? (③)

① 조선 시대에는 귤을 운반하기가 어려웠다.

② 교통 발달은 사람들이 멀리 이동할 수 있도록 도와준다.

③ 예전과 마찬가지로 귤은 오늘날에도 흔한 과일이 아니다.

④ 교통이 발달하면 교통사고 등 여러 가지 문제점도 생긴다.

⑤ 조선 시대에는 임금이 신하에게 귤을 나누어 주기도 하였다.

해설 이 글은 조선 시대에 귤이 귀했던 까닭을 교통과 관련지어 설명하고 있습니다. 이러한 글 내용과 일치하지 않는 선택지를
찾으면 됩니다. 조선 시대와 '요즈음'을 비교하여 설명한다는 점에 주목하면 ③의 내용이 적절하지 않음을 알 수 있습니
다. ① 교통이 발달하지 않아 귤 운반이 어려웠다는 점을 생각하면 됩니다.

문단 간의 관계 파악하기

2. **라** 와 **마** 의 문단 간 관계에 대한 설명으로 알맞은 것에 √표 하세요.

(1) **라** 는 **마** 를 뒷받침하는 내용을 담고 있다. ( )

(2) **마** 는 **라** 를 뒷받침하는 내용을 담고 있다. ( )

(3) **라** 와 **마** 는 서로 대조되는 내용을 담고 있다. (√)

해설 **라** 는 교통 발달의 장점을, **마** 는 단점을 설명하고 있으므로 두 문단은 서로 대조적인 관계에 있음을 알 수 있습니다. 이는
마 가 '그러나'로 시작되는 점에서도 확인할 수 있습니다.

중심 문장과 뒷받침 문장 구분하기

3. **라** 의 내용을 다음과 같이 정리할 때, 빈칸에 들어갈 말로 알맞은 것은 무엇인가요? (①)

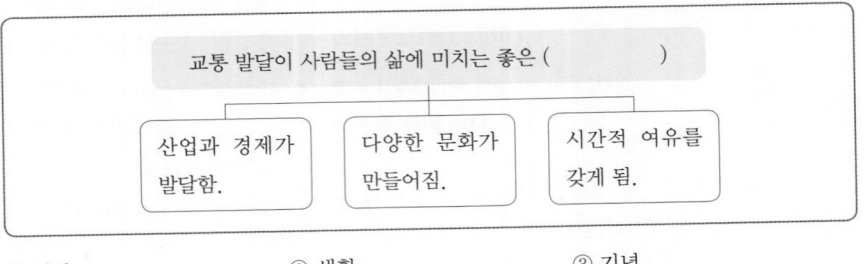

교통 발달이 사람들의 삶에 미치는 좋은 (　　　　)

산업과 경제가 발달함.	다양한 문화가 만들어짐.	시간적 여유를 갖게 됨.

① 영향　　　　　② 생활　　　　　③ 기념

④ 문제　　　　　⑤ 이야기

해설 '산업과 경제가 발달함.', '다양한 문화가 만들어짐.', '시간적 여유를 갖게 됨.'과 같은 내용은 교통 발달이 사람들의 삶에
긍정적인 '영향'을 미친다는 중심 내용을 구체적으로 뒷받침하기 위하여 제시된 것입니다.

글쓴이의 의도 파악하기

4. 이 글에서 '황감제'를 이야기한 이유로 알맞은 것에 √표 하세요.

(1) 조선 시대 임금님이 백성을 사랑한 예를 들기 위해서 ( )

(2) 조선 시대에 귤이 매우 귀했다는 것을 강조하기 위해서 (√)

(3) 조선 시대에 다양한 과거 시험이 치러졌다는 것을 보여 주기 위해서 ( )

해설 이 글은 교통이 발달하지 않았던 조선 시대에 귤이 귀한 과일이었음을 강조하기 위해 '황감제' 이야기를 소개하였습니다.

어휘 의미 파악하기

5. 다음 밑줄 친 단어 중 ㉠과 <u>다른</u> 뜻으로 쓰인 것은 무엇인가요? (⑤)

① 어젯밤 동해안에 <u>풍랑</u>이 크게 일었다.

② 고기를 잡으려고 놓은 그물이 거센 <u>풍랑</u>에 사라졌다.

③ 라디오에서 <u>풍랑</u>에 주의하라는 일기 예보를 내보냈다.

④ 배가 <u>풍랑</u>에 흔들리자 사람들이 걱정하기 시작하였다.

⑤ 집안이 큰 <u>풍랑</u>을 겪을 때에는 가족들이 서로 도와야 한다.

해설 ㉠의 '풍랑'은 '바다에서 바람이 강하게 불어서 일어나는 물결.'의 뜻을 가집니다. 이런 뜻을 바탕으로 '풍랑'은 비유적으로도 쓰여 '혼란과 시련'을 뜻하기도 합니다. ⑤의 문장에서 '풍랑'은 비유적으로 쓰여 '어려움', '시련'의 뜻으로 사용되었습니다.

해설 글을 창의적으로 읽는 방법 중 하나는 글에서 제기한 문제를 해결하는 방안을 생각해 보는 것입니다. 이 글에서는 교통 발달이 환경 오염과 교통 체증이라는 문제를 일으키는 만큼 이를 해결하는 방안을 마련하는 활동을 할 수 있습니다. 따라서 교통량 증가로 인한 환경 오염을 줄이는 방안, 예를 들어 매연을 많이 배출하는 차량 단속, 친환경차 운행, 차량 2부제 운행 등의 방안을 이유와 함께 쓸 수 있습니다.

문제 해결 방법 찾기

6. 친구들과 ㉡의 방법을 찾기 위해 토의를 하려고 합니다. 나의 의견과 그러한 의견을 낸 이유를 함께 쓰세요.

> 진명: 드론을 활용하여 물건을 나르면 좋겠어. 그러면 도로에 교통량이 줄어서 차가 덜 막힐 거야.
>
> 나: **예시 답** 집과 학교의 거리가 아주 멀지 않다면 버스나 자가용 대신 자전거를 타거나 걸어 다니는 게 좋겠어. 그러면 공기 오염을 줄일 수 있을 거야.

어휘 익히기

1 단어 뜻 알기

빈칸에 들어갈 알맞은 단어를 〈보기〉에서 찾아 쓰세요.

• 보기 •
| 발달 | 짐작 | 기념 | 오염 |

1. 공기 (오염)이/가 심각하여 숨쉬기 힘들다.

뜻 공기나 물 같은 것이 더러워지는 것.

2. 과학의 (발달)(으)로 인간은 얻은 것이 많다.

뜻 학문, 기술, 사회 등이 더 높은 수준에 이름.

3. 마라톤을 끝까지 뛴 (기념)(으)로 사진을 찍었다.

뜻 어떤 뜻깊은 일이나 사람을 잊지 않고 마음에 담아 둠.

4. 이야기를 들으니 그가 얼마나 어려웠는지 (짐작)할 수 있었다.

뜻 사정이나 일의 형편을 어림잡아 생각함.

2 관용 표현 알기

다음 빈칸에 들어갈 알맞은 말을 쓰세요.

> ### "물 들어올 때 노 를 저어라"
>
> 배가 노를 저어 앞으로 나아가려면 물이 충분히 있어야 합니다. 그래서 밀물처럼 물이 들어올 때 부지런히 노를 저어 배를 움직여야 합니다. 즉 이 속담은 좋은 기회를 놓치지 말고 잘 활용하도록 노력하자는 뜻의 말입니다.

3 한자어 익히기

다음 한자어를 소리 내어 읽고 빈칸에 따라 써 보세요.

交	通
오고 갈 교	통할 통

교통(交通): 자동차, 기차, 배, 비행기 같은 탈것이 오가거나 탈것을 써서 길을 다니는 일.

• 이 동네는 교통이 편하다.

• 이곳이 바로 교통의 중심지이다.

• 지하철이 생겨서 교통이 편리해졌다.

 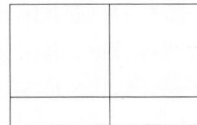 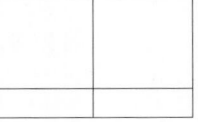 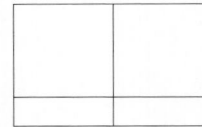

ERI 지수 **569** 사회 | 지리

◇◇ 어린이 신문   2020년 6월 24일

대한민국이 사라진다

➡ 표제

– 통계청, "작년 같은 달에 비해 출생자 10% 줄어" … 2019년부터 인구 자연 감소 계속

➡ 부제

24일 통계청은 '2020년 4월 인구'를 발표하였다. 이에 따르면 2020년 4월에 출생한 아기의 수 가 작년 같은 달에 비하여 약 10% 줄었다. 이러한 속도로 인구가 빠르게 줄면 결국 대한민국이 사 라질 수도 있다.

물체가 나아가거나 일이 이루어지는 빠르기.

➡ 전문

인구란 일정한 지역에 사는 사람의 수를 말한다. 인구는 그 지역에서 태어나는 사람과 사망하 는 사람의 수, 새로 옮겨 오는 사람과 다른 지역으로 가는 사람 수 등으로 정해진다. 인구의 자연 감소는 태어난 사람보다 사망한 사람이 많아 그 지역의 인구가 줄어들 때 일어난다. 2019년 11월 부터 우리나라 인구는 자연 감소하고 있다.

➡ 자연 감소하고 있는 우리나라 인구

24일 통계청은 2020년 우리나라에서 태어난 사람은 2만 3,420명이라고 밝혔다. 이는 인구를 조사하기 시작한 1925년 이래 가장 적은 수이다. 반면 같은 기간에 사망한 사람은 2만 4,628명으

어떤 것을 정확하게 알아내려고 자세히 살펴보거나 찾아봄.

로, 태어난 사람보다 1,208명이 많다. 2020년 4월 우리나라 인구가 그만큼 줄었다는 뜻이다. 인 구의 자연 감소는 사망자가 많아서 생긴 일로 볼 수도 있으나, 태어난 사람의 수가 크게 준 것이 더 큰 원인이다. ㉠이처럼 태어난 사람의 수가 계속 줄 경우 2750년 우리나라의 인구는 '0'이 되 면서 대한민국이라는 나라가 없어질 수 있다고 한다.

➡ 출생자 수 감소로 인한 영향 ①

또한 출생자 수 감소는 고령화를 앞당긴다. 고령화란 한 사회에서 노인의 인구 비중이 높아지 는 것을 말한다. 일반적으로 태어나는 사람이 적으면 젊은 사람보다 노인이 많아지기 때문이다. 우리나라는 고령화 사회를 넘어서 2017년에 이미 전체 인구에서 노인 인구가 차지하는 비중이 14% 이상인 고령 사회에 접어들었다. 물론 노인 인구가 늘어나는 것이 나쁜 것만은 아니다. 삶

맡아서 하는 일. 또는 어떤 일에서 맡은 구실.

의 경험과 지혜가 많은 노인의 역할이 커져서 나라 발전에 도움이 된다. 그러나 일할 젊은이가 부

경험이 많거나 세상 이치를 잘 알아서 어떤 일을 올바르게 풀어 나가는 힘.

족하여 경제에 여러 가지 어려움도 생긴다.

➡ 출생자 수 감소로 인한 영향 ②

대한민국이 없어지지 않고, 어린이부터 노인까지 함께 살 수 있는 나라를 만들어야 한다. 이를 위해서는 무엇보다 출생자 수를 늘려 인구가 증가하도록 노력하는 것이 필요하다.

➡ 인구 증가를 위한 노력이 필요함.

김○○ 기자

---

1. '인구의 자연 감소'에 대한 설명으로 알맞은 것은 무엇인가요? (④)

① 일정한 지역에 사는 사람의 수가 줄어든 것
② 일정한 지역에 들어온 사람이 나간 사람보다 적은 것
③ 일정한 지역에 들어온 사람이 나간 사람보다 많은 것
④ 일정한 지역에서 태어난 사람이 사망한 사람보다 적은 것
⑤ 일정한 지역에서 태어난 사람이 사망한 사람보다 많은 것

해설 인구란 '일정한 지역에 사는 사람의 수'를 말하는데, 출생과 사망이라는 자연적 원인과 이동과 같은 사회적 원인에 의하 여 변화하게 됩니다. 이때 인구가 출생과 사망이라는 자연적 원인으로 줄어들 때 인구의 자연 감소가 일어난다고 말합니 다. ① 자연 감소를 포함한 더 넓은 개념의 인구 감소에 대한 설명입니다. ② 이동으로 인한 인구 감소에 대한 설명입니 다. ③ 이동으로 인한 인구 증가에 대한 설명입니다. ⑤ 자연적 원인에 의한 인구 증가에 대한 설명입니다.

2. 다음은 이 글에 나오는 단어들의 기본형입니다. 단어의 관계가 나머지와 다른 것은 무엇인가요?

(⑤)

① 많다 – 적다
② 늘다 – 줄다
③ 증가하다 – 감소하다
④ 태어나다 – 사망하다
⑤ 사라지다 – 없어지다

해설 다른 선택지가 반의 관계에 있는 것과 달리 '사라지다–없어지다'는 두 단어가 서로 비슷한 의미를 갖는 유의 관계에 있습 니다.

3. 이 글의 글쓴이가 ㉠을 ㉮가 아니라 ㉯와 같이 표현한 이유를 생각해 볼 때, 빈칸에 들어갈 말로 알 맞은 것은 무엇인가요? (②)

> 이처럼 태어난 사람의 수가 계속 줄 경우 2750년 우리나라의 인구는 '0'이 되면서 대한민국 이라는 나라가 ㉮없어질 수 있다.

↓

> 이처럼 태어난 사람의 수가 계속 줄 경우 2750년 우리나라의 인구는 '0'이 되면서 대한민국 이라는 나라가 ㉯없어질 수 있다고 한다.

> ➡ ㉯는 ㉮와 달리 '–고 한다'라는 표현을 써서 자기 생각이나 말이 아니라 다른 사람의 생각 이나 말을 ( )하고 있음을 드러내고 있다.

① 풀이   ② 인용   ③ 해석   ④ 반대   ⑤ 수정

해설 인용은 '남의 말이나 글을 자신의 말이나 글 속에 끌어다 쓰는 것'입니다. '–고 한다'와 같은 표현은 이러한 인용을 드러내 는 표지로 글쓴이가 자신의 말이나 생각을 타인의 그것과 구별할 때 사용합니다.

글의 기능 이해하기

4. 이 글은 신문 기사문입니다. 이 글의 다음 부분이 하는 역할로 알맞은 것에 ∨표 하세요.

> 24일 통계청은 '2020년 4월 인구'를 발표하였다. 이에 따르면 2020년 4월에 출생한 아기의 수가 작년 같은 달에 비하여 약 10% 줄었다. 이러한 속도로 인구가 빠르게 줄면 결국 대한민국이 사라질 수도 있다.

(1) 기자가 기사를 쓴 이유를 밝힌다. ( )
(2) 중요한 기사 내용을 요약해서 보여 준다. (∨)
(3) 기자가 기사를 어떤 방법으로 썼는지 알려 준다. ( )

해설 기사문은 일반적으로 표제, 부제, 전문, 본문으로 이루어집니다. 이 기사문에서 '대한민국이 사라진다'는 표제, '통계청~인구 자연 감소 계속'은 부제입니다. 문항에서 제시한 부분은 전문으로 기사의 주요 내용을 요약하여 제시하는 기능을 합니다. 본문은 기사 내용을 상세하게 전달하는 부분입니다.

글을 읽고 다양한 질문 하기

5. 이 글에서 답을 찾을 수 없는 질문을 한 친구를 찾아 ∨표 하세요.

(1) 정민: 고령화란 무슨 뜻일까? ( )
(2) 주영: 인구 감소를 막을 수 있는 자세한 방법은 무엇일까? (∨)
(3) 호철: 인구가 지금처럼 줄 때 우리나라가 없어지는 때는 언제이지? ( )

해설 정민이의 질문에 대한 답은 '한 사회에서 노인의 인구 비중이 높아지는 것'이고, 호철이의 질문에 대한 답은 '2750년'입니다. 그러나 주영이의 질문에 대한 답은 이 글에서는 찾을 수 없으며, 읽는 이가 자신의 경험이나 지식을 활용하거나 이와 관련된 다른 자료를 참고하여 답할 수 있습니다.

자기 생각 말하기

6. 다음은 우리나라의 인구 정책을 보여 주는 포스터입니다. 두 포스터를 보고 든 생각을 간단히 쓰세요.

▲ 1970년대 포스터

▲ 2010년대 포스터

예시 답 1970년대에는 인구가 크게 증가해서 인구를 제한하는 정책을 썼지만, 2010년대에는 출산율이 떨어지는 상황이라 포스터에 인구 증가 정책을 담아 홍보하고 있다.

해설 두 포스터는 우리나라 인구 정책의 변화 과정을 보여 줍니다. 1970년대 포스터에는 경제적으로 잘 살기 위해서 자녀를 많이 낳지 말자는 인구 제한 정책이 담겨 있습니다. 즉 인구가 크게 늘고 있던 시대임을 짐작할 수 있습니다. 반면 2010년대 포스터에는 자녀를 많이 낳아야 행복하다는 인구 증가 정책이 반영되어 있습니다. 우리나라 출산율이 떨어지고 있기 때문입니다.

74 ERI 독해가 문해력이다

어휘 익히기

1 단어 뜻 알기

빈칸에 들어갈 알맞은 단어를 〈보기〉에서 찾아 쓰세요.

> • 보기 •
> 속도   조사   지혜   역할

1. 그들은 빠른 (속도)로 걸었다.
   뜻 물체가 나아가거나 일이 이루어지는 빠르기.

2. 각자 맡은 (역할)을/를 열심히 해야 한다.
   뜻 맡아서 하는 일. 또는 어떤 일에서 맡은 구실.

3. 우리 문화 유적에는 조상들의 삶의 (지혜)이/가 담겨 있다.
   뜻 경험이 많거나 세상 이치를 잘 알아서 어떤 일을 올바르게 풀어 나가는 힘.

4. 나는 우리 반 친구들이 외국어를 얼마나 사용하는지 (조사)하기로 하였다.
   뜻 어떤 것을 정확하게 알아내려고 자세히 살펴보거나 찾아봄.

2 관용 표현 알기

다음 빈칸에 들어갈 알맞은 말을 쓰세요.

> **"든 자리는 몰라도 [난] 자리는 안다"**
>
> 우리는 친구가 옆에 있을 때는 소중하고 귀한 줄을 모르다가 친구가 떠나고 나서야 허전하며 아쉬워합니다. 이 속담은 어떤 사람이나 사물이 있을 때는 모르지만 사라지고 없을 때 비로소 그 소중함을 알게 된다는 말입니다.

3 한자어 익히기

다음 한자어를 소리 내어 읽고 빈칸에 따라 써 보세요.

인구(人口): 일정한 지역에 사는 사람의 수.
· 도시에 인구가 몰려 있다.
· 우리나라 인구를 늘려야 한다.
· 농촌 지역 인구가 줄어들고 있다.

人	口
사람 인	입 구

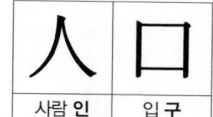 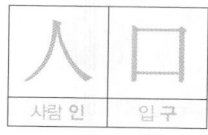 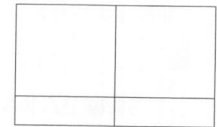  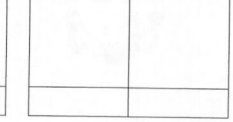

5단계 기본_2주차 75

05회 읽기 방법 익히기

1 내용 추론하기

글에는 많은 내용이 쓰여 있습니다. 그러나 글을 하염없이 길게 쓸 수 없으므로 아무리 친절한 글쓴이라도 글에서 모든 내용을 다 말할 수는 없습니다. 그래서 읽는 사람이 잘 알고 있거나 굳이 말하지 않아도 알 수 있다고 생각하는 내용은 말하지 않습니다. 글에서 말하지 않았지만, 글에 쓰인 것이나 읽는 이가 아는 것을 바탕으로 쓰이지 않은 내용을 미루어 짐작하는 것을 '추론'이라고 합니다. 추론하면서 글을 읽으면 글에서 더 많은 내용을 알 수 있고, 글쓴이가 글을 쓴 이유도 더 잘 파악할 수 있습니다.

★ 글의 내용을 추론하려면,
(1) 글에 무엇이 쓰였는지, 왜 그렇게 썼는지 생각합니다.
(2) 글의 앞뒤 내용을 연결하여 생각합니다.
(3) 읽을 때 자기의 지식이나 경험을 최대한 활용합니다.

[1~2] 다음 글을 읽고, 물음에 답하세요.

태풍의 이름은 1953년 오스트레일리아가 처음 붙이기 시작하였다. 2000년부터는 세계 기상 기구가 태풍의 영향을 받는 14개 나라에서 이름을 10개씩 제출받아 사용하고 있다. 전체 140개의 이름을 모아서 28개씩 5개 묶음을 만든 다음, 태풍이 생길 때마다 첫 번째 묶음부터 다섯 번째 묶음까지 차례대로 이름을 사용한다. 이렇게 해서 140개의 이름을 모두 사용하면 첫 번째 묶음부터 이름을 다시 사용하게 된다. 태풍이 해마다 약 26~27개가 발생하므로 같은 이름이 약 5년마다 한 번씩 쓰이는 셈이다.

우리나라가 제출한 이름은 개미, 제비, 장미, 독수리 등 10개이다. 북한은 소나무, 갈매기, 민들레, 무지개 등을 태풍 이름으로 제출하였다. ㉠그런데 명단에 들어간 이름이 바뀌는 경우도 있다. 큰 피해를 준 태풍의 이름이 명단에서 지워지기도 하기 때문이다. 예를 들어, 우리나라의 '독수리'는 이전에 있던 '나비'를 대신해서, 북한의 '무지개'는 '매미'를 대신해서 들어간 이름이다.

1 이 글을 읽고 추론한 내용으로 알맞은 것에 모두 ∨표 하세요.

(1) 우리나라와 북한은 태풍의 영향을 받는 나라이다. (∨)
(2) '나비'와 '매미'라는 이름의 태풍이 큰 피해를 주었다. (∨)
(3) 2000년부터 태풍 이름은 태풍과 관련된 나라들만 붙일 수 있다. (∨)
(4) 우리나라와 북한이 제출한 태풍 이름은 모두 사람이 만든 물건의 이름이다. ( )

해설 (1) 태풍 명단을 제출하였다는 내용에 비춰 볼 때 우리나라와 북한이 태풍의 영향을 받는 나라라는 추론이 가능합니다. (2) 큰 피해를 준 이름은 명단에서 제외된다는 것과 '독수리'와 '무지개'가 각기 '나비'와 '매미'를 대신해서 들어간 이름이라는 내용을 연결하여 생각할 때 '나비'와 '매미'라는 이름의 태풍으로 큰 피해를 입자 명단에서 제외되었다는 추론을 할 수 있습니다. (3) 태풍 이름은 태풍의 영향을 받는 14개 나라가 제출한 명단에 있는 것만 붙일 수 있으므로 이 추론은 적절합니다. (4) 우리나라와 북한이 제출한 명단을 보면

2 ㉠을 정확하게 이해한 친구를 찾아 ∨표 하세요.

사람들은 같은 태풍 이름이 반복되는 것을 싫어하는군.
시우
( )

사람들은 큰 피해를 준 태풍 이름을 다시 쓰는 것을 좋아하지 않아.
나래
(∨)

해설 큰 피해를 주었다고 명단에서 이름을 지우는 것은 사람들이 큰 피해를 당한 태풍의 이름을 다시 쓰기를 좋아하지 않아서라는 추론을 가능하게 합니다.

3 다음 글을 읽고, 알맞게 추론한 것에 모두 ∨표 하세요.

국립 기상 과학원은 2018년에 '한반도 100년 기후 변화'를 발표하였다. 이에 따르면 현재와 같은 속도로 온난화가 이루어질 때 강원도 산간을 제외한 우리나라 대부분이 몇십 년 이후에는 아열대 기후로 바뀐다고 한다. 아열대 기후는 열대와 온대 사이의 기후를 말한다. 이런 기후에서는 바나나가 잘 자란다. 이렇게 되면 우리나라에서 사과보다 바나나가 더 많이 생산될 수도 있다. 최근에는 삼척에서도 바나나 기르기에 성공하였다고 하니 강원도에서 생산된 바나나를 먹을 날도 멀지 않은 듯하다. 그러므로 우리나라에서 나는 맛있는 사과를 계속 먹으려면 온난화가 일어나지 않도록 온실가스를 줄이는 노력을 아끼지 말아야 할 것이다.

(1) 우리나라의 대부분은 아열대 기후이다. ( )
(2) 사과는 아열대 기후에서 더 잘 자란다. ( )
(3) 온실가스는 온난화를 일으키는 원인이다. (∨)
(4) 우리가 노력하면 온실가스를 줄일 수 있다. (∨)

해설 '온난화가 일어나지 않도록 온실가스를 줄이는 노력을 하자.'라는 주장은 온실가스로 인해 온난화가 일어난다는 것과 우리가 노력하면 온실가스를 줄일 수 있다는 것을 가정하고 있으므로, (3)과 (4)의 추론은 적절합니다. (1) '현재와 같은 속도로 온난화가 이루어질 때'라는 글 속 단서를 활용하면 우리나라 대부분의 지역은 아직 아열대 기후라고 추론할 수 없습니다. (2) 아열대 기후로 바뀌면 사과보다 바나나가 더 많이 생산될 수 있다는 내용으로 미루어 사과가 아열대 기후에서 더 잘 자란다는 내용은 적절하지 않은 추론입니다.

글을 정확하게 읽고 비판적으로 이해하기 위해서는 적극적으로 질문하며 읽어야 합니다. 글을 읽으면서 하는 질문의 유형은 답이 어디에 있는가에 따라 나뉩니다. 글 속에서 바로 답을 찾을 수 있는 질문이 있는가 하면, 내가 생각해 내거나 다른 글이나 자료에서 답을 찾아야 하는 질문도 있습니다. 물론 글 내용을 참고하여 내 생각을 덧붙여 답을 찾아야 하는 질문도 있습니다. 이처럼 글을 읽으면서 다양한 질문을 하면 글 내용을 깊이 있게 이해할 수 있으며, 다른 글과 연결하여 지식을 풍부하게 하는 독서를 할 수 있습니다.

★ **글을 읽으며 하는 질문의 종류**

(1) 글 속에 답이 있는 질문: 글에서 바로 답을 찾을 수 있는 질문입니다.

(2) 내 머릿속에 답이 있는 질문: 지식이나 경험을 활용하여 짐작하거나 상상하여 답할 수 있는 질문입니다.

(3) 다른 글에 답이 있는 질문: 읽는 글 이외의 글이나 자료를 찾아서 답할 수 있는 질문입니다.

---

1 다음 글을 읽고, 질문에 해당하는 답을 어디에서 찾을 수 있는지를 찾아 바르게 연결하세요.

> 24일 통계청은 '2020년 4월 인구'를 발표하였다. 이에 따르면 2020년 4월에 출생한 아기의 수가 작년 같은 달에 비하여 약 10% 줄었다. 이러한 속도로 인구가 빠르게 줄면 결국 대한민국이 사라질 수도 있다.
>
> 인구란 일정한 지역에 사는 사람의 수를 말한다. 인구는 그 지역에서 태어나는 사람과 사망하는 사람의 수, 새로 옮겨 오는 사람과 다른 지역으로 가는 사람 수 등으로 정해진다. 인구의 자연 감소는 태어난 사람보다 사망한 사람이 많아 그 지역의 인구가 줄어들 때 일어난다. 2019년 11월부터 우리나라 인구는 자연 감소하고 있다.

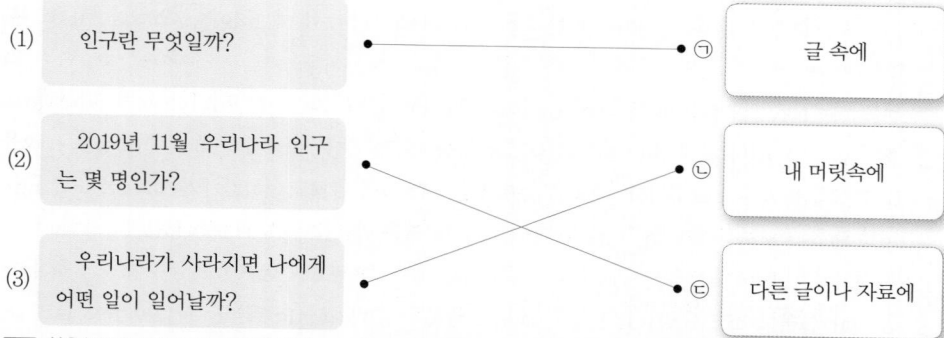

(1) 인구란 무엇일까? ─────── ㉠ 글 속에

(2) 2019년 11월 우리나라 인구는 몇 명인가? ─────── ㉡ 내 머릿속에

(3) 우리나라가 사라지면 나에게 어떤 일이 일어날까? ─────── ㉢ 다른 글이나 자료에

해설 (1)은 '일정한 지역에 사는 사람의 수'라는 2문단의 첫 문장에 제시된 내용이 답인 질문입니다. (2)는 글 속에 답이 없을 뿐만 아니라 일반적으로 독자가 이 시기 우리나라의 정확한 인구수를 알지 못할 가능성이 매우 높기 때문에 통계청 자료나 뉴스 등을 검색해야 답을 찾을 수 있는 질문입니다. (3)은 독자가 자신의 지식이나 경험을 활용하여 생각하거나 상상하여 답할 수 있는 질문입니다.

---

2 다음 글을 읽고, 〈보기〉의 질문에 답하는 방법으로 가장 알맞은 것은 무엇인가요? (⑤)

> 태풍은 주로 우리나라 여름에 강한 바람과 많은 비를 몰고 와 사람과 재산에 피해를 주는 자연재해이다. 2020년 여름에도 우리나라는 태풍으로 엄청난 피해를 입었다. 태풍이 한꺼번에 많은 비를 몰고 와서 논이 잠기고 수십 대의 자동차가 떠내려갔다. 태풍으로 인한 강한 바람에 지붕이 날아가 지나가던 사람이 다치고 재산에 피해를 입기도 하였다. 해마다 오는 태풍으로 인해 사람의 생명과 재산이 위협을 받고 있다.

─────── 보기 ───────

2020년에 우리나라가 태풍으로 입은 재산의 피해 금액은 정확히 얼마인가?

① 글 내용을 바탕으로 짐작하여 답한다.

② 글 속에서 해당하는 내용을 바로 찾아 답한다.

③ 태풍이 휘몰아칠 때 벌어지는 일을 상상하여 답한다.

④ 태풍과 관련하여 예전에 본 뉴스 내용을 기억하여 답한다.

⑤ 통계청에서 만든 자료나 믿을 만한 뉴스를 검색하여 피해 금액을 확인한 뒤 답한다.

해설 이 질문은 주어진 글 외의 다른 자료에서 답을 찾아야 하는 질문입니다.

---

3 다음 글을 읽고, (1)과 (2)에 해당하는 질문을 한 개씩 만들어 보세요.

> 이제는 사람과 가까워져 마치 가족처럼 여기게 된 개. 이 개가 으르렁 무서운 이빨을 드러내는 늑대와 같은 조상을 두었다는 것이 믿어지나요? 개와 늑대는 유전적으로 거의 같다고 합니다. 유전자 차이가 0.04%도 안 난다고 하네요.
>
> 개와 늑대는 생김새도 비슷해요. 개의 종류에 따라 다르기는 하지만 일반적으로 개의 털이나 다리 모양은 늑대와 비슷합니다. 코로 냄새를 잘 맡는다는 점도 같아요. 개와 늑대는 코가 발달하여 냄새로 주변 상황을 파악합니다.

(1) 글 속에 답이 있는 질문

예시 답 개와 늑대의 유전자 차이는 몇 %인가요?

(2) 내 머릿속에 답이 있는 질문

예시 답 사람들은 왜 개를 가족처럼 여길까요?

해설 글을 읽으며 궁금한 것을 떠오르는 대로 질문한 다음, 답이 어디에 있는지를 기준으로 분류해 봅니다.

ERI 지수 **535** 과학 | 물리

가 이번 단원에서는 열의 특성에 대해 알아볼까요? 물, 바람 등은 저절로 '높은 곳에서 낮은 곳으로', '많은 곳에서 적은 곳으로' 이동하려는 특성이 있습니다. 예를 들어, 물은 위치가 높은 곳에서 낮은 곳으로 이동하고, 공기는 많은 곳에서 적은 곳으로 이동합니다.
어떤 것에만 있는 특별한 성질.
➡ 물, 바람의 특성

나 그럼 열은 어디서 어디로 이동할까요? ㉠열은 뜨거운 곳에서 차가운 곳으로 이동합니다. 온도가 높은 곳에서 온도가 낮은 곳으로요. ㉡우리가 찬물에 들어가면 우리 몸이 차가워집니다. 몸 안의 에너지가 열의 형태로 되어 차가운 물로 이동하기 때문입니다. 반대로 ㉢뜨거운 물에 들어가면 우리 몸이 따뜻해집니다. 뜨거운 물의 에너지가 열의 형태로 되어 덜 뜨거운 우리 몸으로 이동하기 때문입니다. 만약에 우리 몸의 온도와 물의 온도가 같다면 어떻게 될까요? 우리 몸은 차가워지지도 뜨거워지지도 않습니다. 왜냐하면 온도 차이가 없으면 열이 이동하지 않기 때문입니다.
➡ 열의 특성 ①

다 그러나 ㉣온도가 낮아진 후에는 다시 뜨거워질 수 없습니다. 변화를 일으킨 후에 다시 원래의 상태로 돌아갈 수가 없는 겁니다. 만약 열이 차가운 곳에서 뜨거운 곳으로 이동한다면 어떻게 될까요? 차가운 얼음에 뜨거운 물을 부으면 얼음이 녹는 것이 아니라 더 꽁꽁 얼게 됩니다. 그리고 ㉤한겨울에 손이 시릴 때 손을 불에 쬐면 우리 손은 얼어 버리겠죠. 기존의 상태가 더욱 강화되는 것입니다. 만약 그런 세상이 온다면 우리는 존재하기 힘들지도 모릅니다.
사물이 놓여 있는 모양이나 형편.
수준이나 정도를 더 높임.
➡ 열의 특성 ②

라 지금까지 살펴본 열의 특성은 자연이 일관되게* 움직이려는 성질을 갖고 있기 때문에 나타나는 것입니다. **열은 온도가 높은 곳에서 낮은 곳으로 흘러갑니다.** 에너지가 더 집중된 곳에서 덜 집중된 곳으로 이동하여 사방으로 흩어진다는 뜻입니다. 또 한번 쏟은 물은 온 사방에 흩어져서 다시 주워 담을 수 없습니다. 이는 풍선이 터지고 나면 풍선 안의 바람을 다시 모을 수 없고, 다 쓴 연필을 새 연필로 되돌려 놓을 수도 없으며, 향수를 뿌리고 나면 그 향수를 다시 향수병에 담을 수 없는 것과 같은 이치입니다.
여러 곳.
➡ 일관되게 움직이려는 성질을 갖는 열

* **일관되게**: 하나의 방법이나 태도로써 처음부터 끝까지 한결같이 되게.

중심 내용 파악하기

1. 이 글의 중심 내용으로 가장 알맞은 것은 무엇인가요? (③)

① 물의 특성
② 풍선과 향수의 공통점
③ 열의 흐름이 갖는 특성
④ 물과 바람의 공통된 특성
⑤ 바람의 상태 변화가 일어나는 원인

해설 이 글에서는 주로 열의 이동 방향과 그 특성을 설명하고 있습니다.

세부 내용 파악하기

2. 이 글을 바탕으로 할 때, 일관되게 움직이려는 자연의 특성 때문에 일어나는 일이 **아닌** 것은 무엇인가요? (③)

① 다 쓴 연필은 새 연필로 되돌릴 수 없다.
② 한번 쏟은 물을 다시 주워 담을 수 없다.
③ 공기는 적은 곳에서 많은 곳으로 이동한다.
④ 물은 위치가 높은 곳에서 낮은 곳으로 이동한다.
⑤ 풍선이 터지고 나면 풍선 안의 바람을 다시 모을 수 없다.

해설 **가**의 '공기는 많은 곳에서 적은 곳으로 이동합니다.'라는 부분에서 확인할 수 있습니다.

세부 내용 파악하기

3. ㉠~㉤ 중 **라**의 다음 문장을 뒷받침할 수 있는 내용으로 볼 수 **없는** 것은 무엇인가요? (⑤)

> 열은 온도가 높은 곳에서 낮은 곳으로 흘러갑니다.

① ㉠ 열은 뜨거운 곳에서 차가운 곳으로 이동합니다.
② ㉡ 우리가 찬물에 들어가면 우리 몸이 차가워집니다.
③ ㉢ 뜨거운 물에 들어가면 우리 몸이 따뜻해집니다.
④ ㉣ 온도가 낮아진 후에는 다시 뜨거워질 수 없습니다.
⑤ ㉤ 한겨울에 손이 시릴 때 손을 불에 쬐면 우리 손은 얼어 버리겠죠.

해설 ⑤는 열의 흐름이 반대로 될 경우를 가정한 사례입니다. ①, ②, ③은 열의 이동 방향을 설명하고 있고, ④는 열의 흐름이 갖는 특성에 바탕을 둔 설명이므로 모두 온도가 높은 곳에서 낮은 곳으로 흘러가는 열의 특성을 뒷받침하는 내용들입니다.

다양한 읽기 방법을 적용하며 읽기

4. 〈보기〉를 활용하여 이 글을 읽은 방법으로 알맞지 않은 것은 무엇인가요? (⑤)

> **─ 보기 ─**
>
> ㉮ 글을 읽기 전에, 관련 경험이나 지식을 떠올려 본다.
> ㉯ 글을 읽을 때, 이해가 되지 않는 부분이 있으면 다시 한번 읽어 본다.
> ㉰ 글을 읽을 때, 모르는 단어나 구절이 있으면 그 의미가 무엇일지 짐작해 본다.
> ㉱ 글을 읽을 때, 중요한 내용에 동그라미를 하거나 밑줄을 긋는다.
> ㉲ 글을 읽은 후에, 글의 중심 내용을 화살표, 동그라미 등을 활용하여 정리해 본다.

① ㉮: 제목 속의 '열'이라는 단어를 보니 어릴 때 불에 손을 데었던 기억이 나.
② ㉯: **나**의 내용이 잘 이해되지 않아. 다시 한번 읽어 봐야겠어.
③ ㉰: **다**에서 '기존의 상태가 더욱 강화'된다는 말은 차가웠던 물체가 계속 차가워지는 걸 의미하겠군.
④ ㉱: **라**의 첫 문장이 중요한 것 같아. 밑줄을 그어야지.
⑤ ㉲: 연습장에다가 글을 처음부터 끝까지 베껴 적어 봐야겠어.

해설▶ 글을 읽은 후에는 동그라미, 화살표 등의 기호를 사용하여 핵심 내용을 정리하는 것이 필요합니다. 글을 처음부터 끝까지 베껴 적는 것은 내용을 정리하고 주제를 확인하는 데 도움되는 읽기 방법이라고 보기 어렵습니다. ① 글을 읽기 전에 글의 제목과 관련된 자신의 경험을 떠올려 보는 읽기 방법입니다. ② 글을 읽는 중에, 어려운 내용을 접할 때 활용할 수 있는 방법입니다. ③ 차가운 얼음에 뜨거운 물을 부으면 얼음은 더 꽁꽁 얼고, 손이 시릴 때 손을 불에 쬐면 손이 언다는 내용을 통해 '상태가 더욱 강화'된다는 구절의 뜻을 짐작할 수 있습니다. ④ 글을 읽으며 중요한 내용에 밑줄을 긋고 있으므로 〈보기〉의 내용을 적용하여 읽은 경우입니다.

다양한 읽기 방법을 적용하며 읽기

5. 열의 특성에 대해 발표하기 위해 이 글을 읽으려고 합니다. 올바른 읽기 방법을 말한 친구를 모두 찾아 ✔표 하세요.

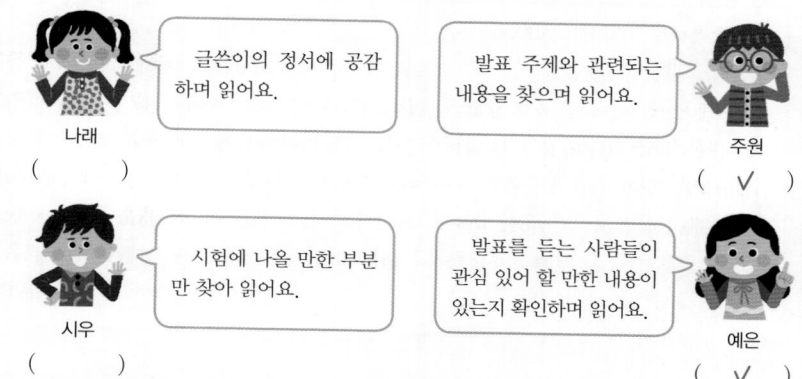

나래: 글쓴이의 정서에 공감하며 읽어요. ( )
주원: 발표 주제와 관련되는 내용을 찾으며 읽어요. (✔)
시우: 시험에 나올 만한 부분만 찾아 읽어요. ( )
예은: 발표를 듣는 사람들이 관심 있어 할 만한 내용이 있는지 확인하며 읽어요. (✔)

해설▶ 특정 정보에 대한 발표를 위한 읽기는 정보 전달이나 설득하는 글쓰기를 위한 읽기입니다. 이에 해당하는 것은 발표 주제와 관련된 내용을 확인하며 읽기, 발표를 듣는 사람들이 관심 있어 할 만한 내용을 확인하며 읽기입니다. 나래는 감상을 위한 읽기, 시우는 학습을 위한 읽기 방법을 말하고 있습니다.

어휘 익히기

1 단어 뜻 알기

빈칸에 들어갈 알맞은 단어를 〈보기〉에서 찾아 쓰세요.

> **─ 보기 ─**
>
> 특성   상태   강화   사방

1. 우리 팀은 수비를 (강화)하였다.
   뜻 수준이나 정도를 더 높임.

2. 모두 멈춘 (상태) 그대로 있었다.
   뜻 사물이 놓여 있는 모양이나 형편.

3. (사방)에 흩어진 장난감을 주워 상자에 담았다.
   뜻 여러 곳.

4. 종이는 물을 빨아들이는 (특성)을/를 지니고 있다.
   뜻 어떤 것에만 있는 특별한 성질.

2 관용 표현 알기

다음 빈칸에 들어갈 말을 차례대로 쓰세요.

> ### "언 발에 오줌 누기"
>
>
>
> 언 발에 오줌을 누면 따뜻한 오줌 때문에 발이 잠시 따뜻해질 겁니다. 그러나 추운 날씨 때문에 바로 오줌이 얼어붙어 이전보다 훨씬 더 차가워지게 됩니다. 이렇듯 이 속담은 언 발을 빨리 녹이려고 발등에 오줌을 누어 봤자 지속적인 효과가 나타나기 어려운 것처럼, 어떤 일이 생겼을 때 대충 일을 처리하면 효과가 오래 가지 못할 뿐만 아니라 결국에는 더 나빠짐을 뜻하는 말입니다.

3 한자어 익히기

다음 한자어를 소리 내어 읽고 빈칸에 따라 써 보세요.

溫	度
따뜻할 온	정도 도

온도(溫度): 물체의 따뜻함과 차가움의 정도.
- 간호사는 온도계로 체온을 쟀다.
- 여름에는 에어컨 온도를 알맞게 설정해야 한다.
- 방 안의 온도가 갑자기 올라서 창문을 활짝 열었다.

溫	度						
따뜻할 온	정도 도	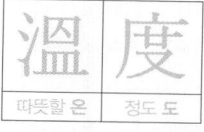	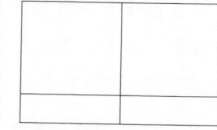	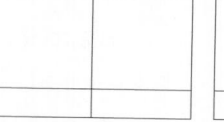	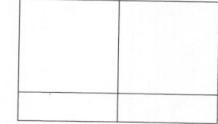		

ERI 지수 565 과학 | 지구 과학

가 선생님께

선생님, 안녕하세요. 저는 이비 초등학교 5학년 정하늘이라고 해요.

어제 뉴스에서 명왕성은 더 이상 행성이 아니라는 소식을 들었어요. 명왕성이 태양계의 행성이 아니라는 게 정말인가요? 왜 그런가요? 저는 아직 명왕성을 행성이라고 생각해요! 태양처럼 스스로 빛을 내는 항성은 아니지만, 항성 주위를 돌고 있잖아요. 수성, 금성, 지구, 화성, 목성, 토성, 천왕성, 해왕성처럼요! 명왕성은 제가 가장 좋아하는 친구예요. 명왕성을 다시 우리 태양계 행성으로 되돌려 주세요!

➡ 명왕성이 태양계 행성이 되길 바라는 학생의 편지 내용

2006년 9월 9일, 정하늘 올림.

나 하늘 학생에게

하늘 학생, 많이 속상하지요? 명왕성이 태양계의 행성이 아니라고 결정된 것이 저도 아쉽습니다. 하지만 그동안 발견되었던 명왕성과 관련된 문제들이 무엇인지 살펴보고 전문가들이 왜 그런 결정을 내렸는지를 알 필요도 있을 것 같아요. ➡ 명왕성과 관련된 문제 제기

명왕성은 1930년에 클라이드 톰보라는 미국의 천문학자가 발견했어요. 명왕성이 발견
　　　　　　　　우주에 존재하는 모든 물체, 즉 항성, 행성, 위성 등을 연구하는 과학자.
되었을 때는 망원경이 지금처럼 발달하기 전이었기 때문에 지구와 거의 비슷한 크기의 행성으로 생각되었죠. 그러나 오랫동안 많은 전문가가 관찰하고 연구한 결과, (㉠)
　　　　　　　　　　　　　　　　　　　　　　➡ 명왕성의 발견 시기
먼저, 행성으로 불리기 위해서는 다음과 같은 조건을 갖추고 있어야 해요. 첫째, 태양 주
　　　　　　　　　　　　　　　　어떤 일을 이루기 전에 갖추어야 하는 것.
위를 돌아야 해요. 둘째, 행성 자체의 중력으로 타원이 아닌 구형을 유지해야 해요. 셋째,
　　　　　　　　　　　　　　　　　　　　　　　　　공같이 둥근 꼴.
태양 주위를 돌 때 다른 것들, 예를 들어 다른 행성이나 위성의 영향을 받지 않아야 해요.
　　　　　　　　　　　　　　　　　➡ 행성이 되기 위한 세 가지 조건
하지만 전문가들은 명왕성이 셋째 조건에 해당하지 않는다고 말합니다. 명왕성은 다른 행성과 달리 태양 주위를 약간 삐딱하게 돌고 있다고 해요. 해왕성이 태양 주변을 도는 길과 겹치기도 하면서요. 또 다른 행성들은 자신의 주위를 도는 위성의 영향을 받지 않지만, 명왕성은 위성과 서로 영향을 주고받기도 합니다. ➡ 명왕성이 행성이 아닌 이유

또한 명왕성은 다른 행성들에 비해 크기가 매우 작아서 맨눈으로 볼 수 없고 망원경을
　　　　　　　　　　　　　　　　　　　　　　　안경, 현미경, 망원경 들이 없이 직접 보는 눈.
통해서만 볼 수 있어요. 지구 주위를 도는 달보다도 작다고 합니다. 반면에 수성, 금성, 화성, 목성, 토성은 맨눈으로 볼 수 있죠. ㉡이러한 이유들 때문에 더 이상 명왕성을 행성이라 하지 않고, 왜소 행성이라고 해요. 그렇다고 너무 실망하지는 마세요. 명왕성 자체가 사라진 것은 아니니까요! ➡ 왜소 행성으로 불리는 명왕성

2006년 9월 13일, 김○○ 드림.

세부 내용 파악하기

1. **가**와 **나**에 대한 이해로 알맞지 **않은** 것은 무엇인가요? (②)

① **가**의 학생은 태양계 행성에 어떤 행성들이 속해 있는지 알고 있다.

② **가**의 학생은 선생님께 명왕성을 선물해 달라고 말하고 있다.

③ **나**의 선생님은 전문가의 말을 활용하고 있다.

④ **나**의 선생님은 학생이 무엇을 원하는지 알고 있다.

⑤ **나**의 선생님은 학생이 느끼는 정서에 공감하고 있다.

해설 **가**의 마지막 말, '명왕성을 다시 우리 태양계 행성으로 되돌려 주세요!'는 선생님께 명왕성을 선물해 달라는 말이 아닙니다. ③ **나**에서 선생님은 명왕성이 행성이 될 수 없는 이유를 전문가의 말을 활용해 제시하고 있습니다. ⑤ **나**의 '많이 속상하지요?', '그렇다고 너무 실망하지는 마세요.'를 통해 선생님이 학생의 정서에 공감하고 있다는 것을 알 수 있습니다.

내용 전개 방식 파악하기

2. **나**에서 선생님이 학생의 이해를 돕기 위해 사용한 방법은 무엇인가요? (②)

① 명왕성이라는 이름의 뜻을 풀어 설명하였다.

② 명왕성이 행성으로 불릴 수 없는 근거를 제시하였다.

③ 명왕성을 발견하기 이전과 이후를 대조하여 설명하였다.

④ 명왕성과 관련된 문제의 원인과 함께 해결 방안도 제시하였다.

⑤ 우주에서 사라진 행성의 대표적인 예로 명왕성을 들어 설명하였다.

해설 **나**에서 선생님은 행성으로 불리기 위한 세 조건 중 한 가지를 명왕성이 갖추고 있지 않다는 전문가의 말을 근거로 제시하여 학생의 이해를 돕고 있습니다.

생략된 내용 예측하기

3. ㉠에 들어갈 내용으로 알맞은 것은 무엇인가요? (③)

① 전문가들이 행성의 조건을 바꾸었어요.

② 명왕성과 비슷한 행성들이 많이 발견되었어요.

③ 명왕성을 행성으로 볼 수 없는 특성이 발견되었어요.

④ 미국의 천문학자가 거짓말을 했다는 것을 알게 되었어요.

⑤ 명왕성이 지구보다 훨씬 더 큰 행성이라는 것이 밝혀졌어요.

해설 ㉠이 포함된 문장이 '그러나'로 이어지는 것을 고려하면 ㉠에는 앞의 내용과 반대되는 내용인 명왕성을 행성으로 볼 수 없는 특성이 발견되었다는 내용이 들어가야 합니다.

4. ⓒ을 바탕으로 짐작한 내용으로 알맞은 것은 무엇인가요? (③)

① 다른 행성들도 조만간 다른 이름으로 불리겠군.
② 시간이 지날수록 명왕성이 점점 더 작아지겠군.
③ 새로운 사실이 발견되면 행성의 지위가 바뀔 수 있겠군.
④ 지구와 명왕성은 비슷한 속도로 태양 주위를 돌고 있겠군.
⑤ 왜소 행성이란 행성보다 구석진 자리에 있는 행성을 말하는 것이겠군.

해설 ▶ 명왕성은 발견 당시에는 행성으로 불리었지만 이후 행성이라는 이름을 빼앗기고 왜소 행성이라고 불리고 있습니다. 이를 바탕으로 새로운 사실이 발견되면 행성의 지위가 바뀔 수 있다는 것을 짐작할 수 있습니다.

이유나 근거 파악하기

5. 이 글을 바탕으로 '명왕성은 행성과 다른 특징을 지닌다.'라는 주장을 하려고 합니다. 주장을 뒷받침할 수 있는 근거를 〈보기〉에서 찾아 기호를 쓰세요. (㉯)

───── 보기 ─────
㉮ 태양 주위를 돈다.
㉯ 행성 자체의 중력으로 구형을 유지한다.
㉰ 위성과 서로 영향을 주고받는다.

해설 ▶ ㉯의 내용을 보면, 명왕성은 행성의 조건 중 다른 행성이나 위성의 영향을 받지 않아야 한다는 '셋째 조건'에 해당되지 않기 때문에 행성이 될 수 없다고 말하고 있습니다.

그림으로 표현하기

6. 다음은 이 글을 참고하여 태양의 주위를 도는 일부 행성과 명왕성의 길을 따라 그린 그림입니다. 해왕성이 도는 길을 참고하여 ㉮~㉱ 중 명왕성에 해당하는 기호를 쓰세요. (㉱)

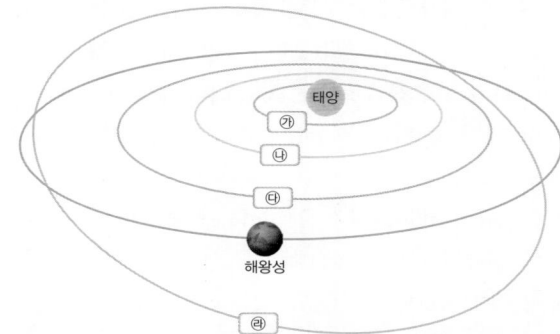

해설 ▶ ㉯의 내용을 보면, 명왕성은 태양 주위를 삐딱하게 돌고 있으며, 해왕성이 도는 길과 겹치기도 한다고 나와 있습니다. 제시된 그림에서 이러한 내용과 일치하는 기호는 ㉱입니다.

---

1 단어 뜻 알기

빈칸에 들어갈 알맞은 단어를 〈보기〉에서 찾아 쓰세요.

───── 보기 ─────
천문학자   조건   구형   맨눈

1. (천문학자)이/가 되려면 우주를 사랑해야 한다.
   뜻 우주에 존재하는 모든 물체, 즉 항성, 행성, 위성 등을 연구하는 과학자.

2. 이 나무는 기후 (조건)이/가 맞는 곳에서만 자란다.
   뜻 어떤 일을 이루기 전에 갖추어야 하는 것.

3. 그 벌레는 너무 작아서 (맨눈)(으)로는 보이지가 않아.
   뜻 안경, 현미경, 망원경 들이 없이 직접 보는 눈.

4. 옛날 사람들은 지구가 (구형)이/가 아니라 평면이라고 생각하였다.
   뜻 공같이 둥근 꼴.

2 관용 표현 알기

다음 대화 내용과 관련 있는 속담의 빈칸에 알맞은 말을 쓰세요.

영희: 내일이 시험 보는 날인데, 우리 시험 잘 칠 수 있을까?
수민: 우리 그동안 엄청 놀았잖아. 하늘을 못 봤는데 별을 딸 수가 있겠어?

"하늘을 보아야 별을 따지"

별은 높은 하늘에 있으니 별을 따려면 먼저 하늘부터 올려다보아야 하겠죠? 이 속담은 어떤 일을 할 때 좋은 성과를 얻으려면 그 일에 필요한 준비와 노력을 충분히 해야 한다는 말입니다.

3 한자어 익히기

다음 한자어를 소리 내어 읽고 빈칸에 따라 써 보세요.

行	星
다닐 행	별 성

행성(行星): 태양과 같은 별 주위를 돌며 스스로 빛을 내지 못하는 천체.
• 지구는 태양계의 행성 무리에 끼어 있다.
• 망원경을 통해 행성들이 지속적으로 관찰되고 있다.
• 태양계에는 수성, 금성, 지구, 화성 등의 행성이 있다.

行	星						
다닐 행	별 성						

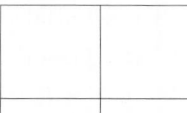 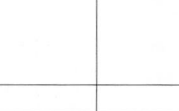 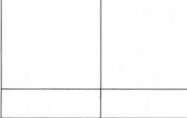

ERI 지수 552 과학 | 화학

가 안녕하세요. 과학자 ○○○입니다. 지금 여러분 주위를 한번 둘러보세요. 주위에는 책상,
장난감, 유리창 등 많은 물체가 있습니다. 이들은 각각 나무, 플라스틱, 유리 등의 물질로 만
들어졌죠. 물체는 물질로 이루어지면서 구체적인 형태를 갖는 것이고, 물질은 물체를 이루고
있는 재료입니다.
사물의 생김새나 모양.
➡ 물질과 물체의 뜻

나 두 가지 이상의 물질이 각각의 성질을 잃지 않고 섞여 있는 물질을 혼합물이라고 합니다.
그리고 이 혼합물 안의 물질들이 고르게 섞여 있으면 균일 혼합물, 그렇지 않으면 불균일 혼
합물이라고 부릅니다. 이 시간에는 균일 혼합물의 대표적인 예로 (㉠), 불균일 혼합물
한결같이 고름.
의 대표적인 예로 (㉡)와/과 관련된 이야기를 들려 드리겠습니다.
➡ 혼합물의 뜻과 종류

다 여러분, 바닷물을 실수로라도 마셔 본 적이 있나요? 바닷물은 우리가 마시는 물과 달리 아주
짭니다. 그 이유는 아주 진한 소금물이기 때문이에요. 강물이 흐르면서 짠 물질이 들어 있는 돌을
조금씩 녹이게 되는데, 그 물이 바다로 모이게 되는 것이죠. 지구에서 가장 짠 바다는 바로 중동
지역에 있는 사해(死海)입니다. 이곳은 보통 바다보다 훨씬 더 짜기 때문에 생물이 살 수 없는 '죽
은 바다'라는 뜻을 지니고 있어요.
살아 있는 모든 것
➡ 소금물인 바닷물

라 사해가 소금물이라면, 중국의 황하라는 강은 흙탕물이라고 할 수 있습니다. 흙탕물은 불균일
혼합물의 대표적인 예에 해당합니다. 강물이 누런색을 띠기 때문에 '누렇다'라는 뜻의 황(黃)에
'강'이라는 뜻의 하(河)를 붙여 황하, 즉 '누런 강'이라는 이름을 갖게 되었습니다. 황하에 그만큼
흙이나 모래가 많이 섞여 있다는 것이죠. 그 이유는 옛날에 사람이 살기 위해 강 주변의 숲을 다
베어서, 산에 있던 흙과 모래가 강으로 많이 흘러들었기 때문입니다.
➡ 흙탕물인 황하

마 바닷물처럼 녹는 물질이 녹이는 물질에 골고루 섞여 있는 것을 용액이라고 합니다. 용액은 주
로 액체 상태의 혼합물인 경우가 많은데요, 오래 두어도 가라앉거나 뜨는 것이 없습니다. 또 거름
물이나 기름처럼 부피는 있지만 일정한 모양 없이 흐르는 물질.
종이로 걸러도 남아 있는 물질이 없어요. 바닷물에는 소금이 고르게 섞여 있기 때문입니다. 하지
만 황하 같은 흙탕물은 시간이 지나면 바닥에 가라앉는 물질이 생겨요. 또 거름종이로 거르면 그
위에 남아 있는 물질이 있지요. 흙탕물에는 물, 흙, 모래 등이 고르지 않은 상태로 섞여 있기 때문
입니다. 흙탕물의 이러한 성질은 흙탕물이 용액이 아니라는 것을 보여 줍니다. 다음 시간에는 오
늘 배운 내용을 바탕으로 소금물이나 흙탕물과 같은 ㉢혼합물을 분리하는 방법에 대해 함께 알아
보겠습니다. 이상으로 강연*을 마치겠습니다.
➡ 용액인 소금물과 용액이 아닌 흙탕물

* 강연: 여러 사람 앞에서 한 가지 주제를 두고 자기의 뜻, 경험, 지식 들을 조리 있게 들려주는 것.

내용 파악하기

1. 이 글의 내용과 일치하지 <u>않는</u> 것은 무엇인가요? (③)

① 물체는 물질로 이루어져 있다.
② 사해는 지구에서 가장 짠 바닷물이다.
③ 황하는 지구에서 가장 더러운 강물이다.
④ 흙탕물은 흙, 모래 등이 섞여 있는 물이다.
⑤ 바닷물이 짠 이유는 돌 속의 짠 물질이 녹아 있기 때문이다.

해설 이 글에 황하가 가장 더러운 물이라는 내용은 나타나 있지 않습니다.

세부 내용 파악하기

2. 용액에 대한 설명으로 알맞지 <u>않은</u> 것은 무엇인가요? (②)

① 용액은 혼합물에 속한다.
② 용액을 거름종이로 거르면 걸러지는 것이 있다.
③ 용액은 오래 두어도 각 물질이 분리되지 않는다.
④ 소금물에는 물과 소금이 고르게 섞여 있기 때문에 용액이라고 할 수 있다.
⑤ 흙탕물에는 물, 흙, 모래 등이 고르지 않게 섞여 있기 때문에 용액이라고 할 수 없다.

해설 용액은 두 가지 이상의 물질이 골고루 섞여 있는 혼합물로, 액체 상태의 혼합물인 경우 거름종이로 걸러도 남아 있는 물질
이 없다고 하였습니다. 따라서 ②는 용액에 대한 설명으로 적절하지 않습니다. ④, ⑤ 용액은 '녹는 물질이 녹이는 물질에
골고루 섞여 있는 것'이므로 소금물은 용액이라고 할 수 있지만, 흙탕물은 용액이라고 할 수 없습니다.

설명 방식 파악하기

3. 가 ~ 마의 역할에 대해 바르게 설명한 것을 모두 고르세요. (② , ④)

① 가: 듣는 이에게 질문을 하며 강연을 시작하고 있다.
② 나: 내용에 대한 대표적 사례를 들어 설명하고 있다.
③ 다: 어떤 대상을 다른 대상에 빗대어 설명하고 있다.
④ 라: 어떤 개념을 설명하기 위해 관련 단어의 뜻을 알려 주고 있다.
⑤ 마: 앞선 내용을 간략하게 요약하고 정리하면서 강연을 마무리하고 있다.

해설 ② 나의 '대표적인 예로'라는 말을 통해 알 수 있습니다. ④ 라에서 '불균일 혼합물'이라는 개념을 설명하기 위해 흙탕물
의 대표적 사례인 '황하'의 한자어 뜻을 알려 주고 있습니다.

4. ㉠, ㉡에 들어갈 말을 순서대로 바르게 나열한 것은 무엇인가요? (③)

생략된 내용 추론하기

① 황하, 사해
② 생물, 무생물
③ 소금물, 흙탕물
④ 흙탕물, 바닷물
⑤ 혼합물, 비혼합물

> **해설** 소금물은 녹는 물질이 녹이는 물질에 '골고루' 섞여 있는 물질이므로 용액입니다. 따라서 소금물은 균일 혼합물의 예입니다. 또한 흙탕물에는 흙, 모래 등이 '고르지 않은 상태로' 섞여 있다고 나와 있습니다. 따라서 흙탕물은 불균일 혼합물의 예입니다.

이어질 내용 예측하기

5. 이 글을 바탕으로 ㉢에서 다룰 내용을 예측했을 때, 알맞은 것은 무엇인가요? (⑤)

① 혼합물을 직접 마셔 본다.
② 혼합물이 든 컵을 세게 흔들어 본다.
③ 혼합물에서 짠맛이 나는지 쓴맛이 나는지 확인해 본다.
④ 사해와 황하에 직접 가서 혼합물의 색깔을 확인해 본다.
⑤ 혼합물을 거름종이에 거른 후 남아 있는 물질이 있는지 살펴본다.

> **해설** ⑤는 흙탕물과 같은 불균일 혼합물을 분리하는 방법에 해당하므로 ㉢에서 다룰 내용으로 적절합니다.

도식으로 표현하기

6. 다음은 ㉮를 도식으로 표현한 것입니다. 빈칸에 알맞은 말을 쓰세요.

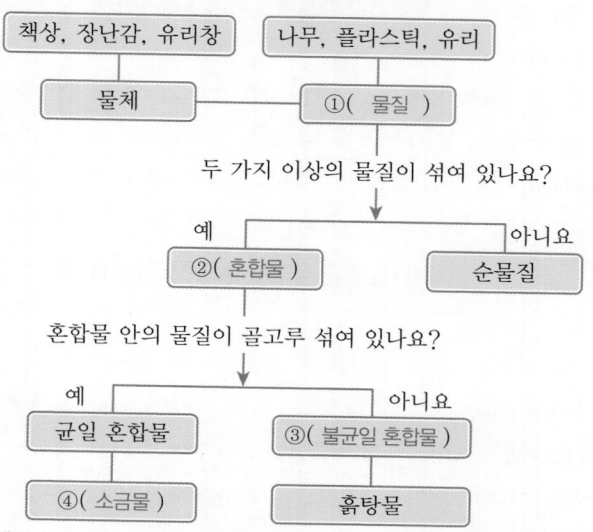

> **해설** ㉮와 ㉯를 통해 물체, 물질, 혼합물의 뜻을 확인할 수 있습니다. 그리고 ㉰~㉲를 통해 사해와 같은 소금물은 균일 혼합물, 황하와 같은 흙탕물은 불균일 혼합물임을 확인할 수 있습니다.

어휘 익히기

1 단어 뜻 알기

빈칸에 들어갈 알맞은 단어를 〈보기〉에서 찾아 쓰세요.

● 보기 ●

형태	균일	생물	액체

1. (**생물**)은/는 동물과 식물로 나눌 수 있다.
   📖 살아 있는 모든 것.

2. 이 물건들의 가격은 모두 (**균일**)합니다.
   📖 한결같이 고름.

3. (**액체**) 상태의 물이 얼면 고체인 얼음이 된다.
   📖 물이나 기름처럼 부피는 있지만 일정한 모양 없이 흐르는 물질.

4. 이 옷의 소매는 나비 날개 (**형태**)(으)로 되어 있다.
   📖 사물의 생김새나 모양.

2 관용 표현 알기

다음 빈칸에 들어갈 알맞은 말을 쓰세요.

> ### "연꽃은 흙 탕 물 에서 핀다"
>
> 이 표현은 연꽃이 진흙이 가득한 흙탕물에서도 아름답게 피어나는 것처럼, 어려운 환경에서도 노력하면 훌륭한 사람이 될 수 있다는 뜻입니다.
>
>

3 한자어 익히기

다음 한자어를 소리 내어 읽고 빈칸에 따라 써 보세요.

物	質
만물 **물**	바탕 **질**

물질(物質): 물체를 만드는 재료.

• 그 공장에서 오염 물질이 배출되었다.
• 책상을 이루는 물질은 주로 나무나 플라스틱이다.
• 우리 몸에 해로운 유해 물질에 어떤 것이 있는지 확인해 보아야 한다.

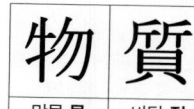  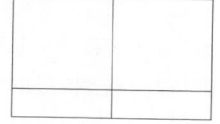 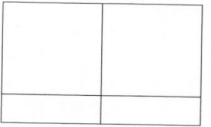 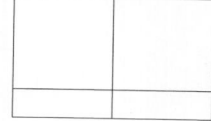

ERI 지수 **533** 과학 | 생물

민수는 '세균이 우리 생활에 미치는 영향'에 대해 알고 싶어서 자료를 찾다가 기사문 두 개를 발
견했습니다. 그런데 두 기사문의 내용은 서로 다른 내용을 담고 있습니다. ㉮두 글의 내용을 비교
어떤 사람이나 사물의 힘이 다른 사람이나 사물에 미치는 일.
하며 읽기 위해서는 어떻게 해야 할까요?
➡ 문제 제기 – 비교하며 읽는 방법

◇◇ 어린이 신문   2020○년 ○○월 ○○일

가 세균은 우리의 이로운 친구입니다.

세균이 우리에게 좋은 영향을 미치는 이유는 다음과 같습니다. 첫째, 세균은 죽은 생물이
나 배설물을 썩게 하여 자연으로 되돌려 보내기 때문에 생물이 살아가는 지구의 환경이
동물이나 사람이 몸 밖으로 내보내는 물질. 똥, 오줌, 땀 따위.
보존될 수 있도록 합니다. 둘째, 세균은 김치, 된장, 치즈, 요구르트 등과 같은 여러 가지 음
망가지거나 없어지지 않게 보살핌.
식을 만드는 데 필요합니다. 셋째, 유산균과 같은 세균은 우리 몸에 들어온 해로운 세균을
없애서 우리의 건강을 지켜 줍니다.   ➡ 세균이 우리에게 미치는 좋은 영향

만약 세균이 사라진다면 우리 주변이 죽은 생물이나 배설물로 가득 차게 되어 지구 환
경이 파괴될 것입니다. 또 김치, 된장, 치즈, 요구르트 등 건강에 좋은 음식을 만들 수 없
습니다. 그리고 우리 몸에 유익한 균이 없어지면 몸이 약해져 병에 걸리기 쉽습니다. 따라
서 세균은 우리에게 없어서는 안 될 이로운 친구입니다.   ➡ 세균은 사라지면 안 됨.

서△△ 기자

△△ 어린이 신문   2020○년 ○○월 ○○일

나 세균은 우리에게 해롭습니다.

세균이 우리에게 나쁜 영향을 미치는 (㉠)은/는 다음과 같습니다. 첫째, 집이나
가구 같은 물건을 오염시킵니다. 둘째, 음식을 상하게 합니다. 셋째, 공기, 물, 음식 등을
통하여 다른 생물로 옮아가 질병을 일으킵니다.   ➡ 세균이 우리에게 미치는 나쁜 영향

(㉡) 세균이 사라진다면 집이나 가구 같은 우리 주변 환경이나 물건이 오염되는
일이 없을 것이고, 음식을 냉장고 밖에 오래 놔두어도 상하지 않을 것입니다. 또 공기, 물,
음식 등으로 인해서 생기는 질병도 줄어들 것입니다. (㉢) 다양한 방식으로 악영향
남한테 해를 끼치는 나쁜 영향.
을 미치는 세균은 우리에게서 없어져야 할 해로운 생물입니다.   ➡ 세균은 사라져야 함.

민◇◇ 기자

내용 파악하기

1. 가와 나를 통해 알 수 있는 내용이 **아닌** 것은 무엇인가요? (④)

① 가: 우리에게 좋은 영향을 미치는 세균이 있다.
② 가: 세균이 사라진다면 지구 환경이 파괴될 것이다.
③ 나: 우리에게 나쁜 영향을 미치는 세균이 있다.
④ 나: 세균이 사라진다면 모든 질병이 완전히 없어질 것이다.
⑤ 가, 나: 세균은 우리 생활에 영향을 미친다.

해설 나의 2문단에서 세균이 사라진다면 질병이 줄어든다고 하였지 모든 질병이 완전히 없어진다고 하지는 않았습니다. 세균
이 사라진다 하더라도 다른 원인에 의한 질병은 사라지지 않을 것입니다.

세부 내용 파악하기

2. 이 글의 내용에 따를 때, 세균을 이용하여 만들 수 있는 음식이 **아닌** 것은 무엇인가요? (④)

① 김치   ② 된장   ③ 치즈
④ 라면   ⑤ 요구르트

해설 라면은 세균을 이용하여 만드는 음식으로 볼 수 없습니다. 나머지는 가에 나타나 있습니다.

생략된 내용 추론하기

3. ㉠~㉢에 들어갈 말을 바르게 짝지은 것은 무엇인가요? (④)

	㉠	㉡	㉢
①	사례	만약	하지만
②	사례	그래서	만약
③	까닭	만약	하지만
④	이유	만약	따라서
⑤	이유	그러나	그러므로

해설 ㉠의 다음 문장부터 그 근거가 제시되므로, ㉠에는 '까닭', '이유'가 들어갈 수 있습니다. ㉡이 포함된 2문단은 1문단의 내용
을 반대로 가정하여 말하고 있으므로 '만약'이 들어가야 합니다. ㉢은 이 글의 주장에 해당하는 문장 앞에 있으므로 '따라
서', '그러므로'와 같이 결론을 이끄는 말이 와야 합니다.

두 글을 비교하며 읽기

4. 질문 ㉮에 대한 답변으로 알맞지 **않은** 것은 무엇인가요? (②)

① 제목을 살펴보아야 해요.
② 글씨체가 어떻게 다른지 살펴보아야 해요.
③ 글에 담긴 글쓴이의 입장을 파악해 보아야 해요.
④ 글의 구조 또는 표현 방식을 비교해 보아야 해요.
⑤ 내용상의 공통점과 차이점을 정리해 보아야 해요.

해설 가와 나 두 글의 내용을 비교하며 읽을 때 글씨체를 확인하는 것은 중요하지 않습니다. 두 개의 글을 비교하며 읽을 때는
제목, 소재, 글쓴이의 입장, 글의 구조나 표현 방식, 글의 내용적인 측면에서 비교하고 분석하는 것이 필요합니다.

5. 다음은 **가**와 **나**를 읽은 독자가 내용을 정리한 표입니다. 표를 참고하여 두 글을 이해한 내용으로 알맞으면 ○표, 알맞지 않으면 ×표 하세요.

항목 / 글		가	나
소재		세균이 우리에게 미치는 영향	
주장		세균은 이롭다.	세균은 해롭다.
근거	환경	죽은 생물이나 배설물을 썩게 하여 자연으로 되돌려 보냄.	집이나 가구가 오염됨.
	음식	김치, 된장 등의 음식을 만드는 데 필요함.	음식을 상하게 함.
	건강	우리 몸에 들어온 해로운 세균을 없애서 우리의 건강을 지켜 줌.	공기, 물, 음식 등을 통하여 다른 생물로 옮아가 질병을 일으킴.

(1) **가**와 **나**는 다루는 소재가 똑같구나. (○)

해설 ▶ **가**와 **나** 모두 '세균이 우리에게 미치는 영향'에 대해 말하고 있습니다.

(2) 소재에 대한 **가**와 **나**의 주장은 똑같구나. (×)

해설 ▶ **가**와 **나**는 '세균이 우리에게 미치는 영향'에 대해 각기 다른 주장을 하고 있습니다.

(3) **가**와 **나**에서 근거를 제시하는 기준은 '환경, 음식, 건강'으로 공통적이지만, 그것에 대한 구체적인 내용은 다르구나. (○)

해설 ▶ **가**와 **나**가 제시하는 근거의 기준은 '환경, 음식, 건강'이지만, 두 글의 주장과 관점이 서로 대립되기 때문에 근거의 세부 내용 역시 다릅니다.

6. 다음은 예은이가 **가**와 **나**를 읽고 떠올린 생각입니다. 빈칸에 들어갈 말을 **가**와 **나**에서 찾아 쓰세요.

아, 세균은 우리에게 (이로운) 영향과 (해로운) 영향을 모두 주는구나.

해설 ▶ 정답은 '이로운, 해로운'입니다. 이때 정답의 순서는 바뀌어도 상관없습니다. **가**에서는 세균이 우리에게 주는 이로운 영향, **나**에서는 해로운 영향에 대해 설명하고 있습니다.

---

1 단어 뜻 알기

빈칸에 들어갈 알맞은 단어를 〈보기〉에서 찾아 쓰세요.

• 보기 •
영향	배설물	보존	악영향

1. 아이는 부모의 (영향)을/를 많이 받는다.
   💬 어떤 사람이나 사물의 힘이 다른 사람이나 사물에 미치는 일.

2. 지렁이의 (배설물)은/는 토양을 부드럽게 해 준다.
   💬 동물이나 사람이 몸 밖으로 내보내는 물질. 똥, 오줌, 땀 따위.

3. 불량 식품은 아이들 건강에 (악영향)을/를 미친다.
   💬 남한테 해를 끼치는 나쁜 영향.

4. 우리의 전통 한옥을 잘 (보존)할 수 있는 방법을 찾아봅시다.
   💬 망가지거나 없어지지 않게 보살핌.

2 관용 표현 알기

다음 빈칸에 들어갈 알맞은 말을 쓰세요.

> **"음식 맛은 [장]맛이다"**
>
> 간장, 된장, 고추장과 같은 장에는 우리 건강에 이로운 세균이 많이 들어 있고, 그만큼 맛도 좋습니다. 이 속담은 장에서 나는 맛이 좋으면 모든 음식이 맛있다는 말입니다.

3 한자어 익히기

다음 한자어를 소리 내어 읽고 빈칸에 따라 써 보세요.

生	物
날 생	만물 물

생물(生物): 생명을 가지고 스스로 생활 현상을 유지하여 나가는 물체.

• 바다 생물은 형태와 색깔이 다양하다.
• 먹이가 부족하면 생물 간의 생존 경쟁이 치열해진다.
• 지구의 모든 것은 크게 생물과 무생물로 나누어진다.

生	物						
날 생	만물 물						

05회 읽기 방법 이해하기

1 다양한 읽기 방법 적용하며 읽기

다양한 읽기 방법 적용하며 읽기는 독자가 읽기 목적, 읽기 과정, 읽기 상황에 따라 알맞은 읽기 방법을 활용하여 글을 읽는 것을 말합니다. 예를 들면 글을 읽기 전에는 제목이나 차례를 통해 관련 경험이나 지식을 떠올려 보고, 글을 읽는 중에 이해가 잘 되는 내용이 있으면 다시 한번 내용을 읽습니다. 또 글을 다 읽은 후에는 글의 전체 내용을 정리해 볼 수 있습니다. 이러한 방식으로 글을 읽으면 글에 대한 독자 자신의 이해 정도를 스스로 점검할 수 있습니다. 글을 능동적으로 읽는 태도를 기를 수 있습니다.

★ 다양한 읽기 방법을 적용하며 글을 읽으려면,

(1) 학습, 여가 등의 읽기 목적에 따라 알맞은 읽기 방법을 적용합니다.
(2) 읽기 전, 중, 후 등의 읽기 과정에 따라 알맞은 읽기 방법을 적용합니다.
(3) 독자가 처한 상황에 따라 알맞은 읽기 방법을 적용합니다.

1 다음은 글 읽기를 어려워하는 학생의 고민입니다. (가)와 (나) 중 이 학생에게 해 줄 수 있는 알맞은 말로 더 알맞은 것에 ∨표 하세요.

(가) 비수야, 안녕. 나도 이바수라고 해. 나는 서점에서 책을 볼 때마다 숨이 턱턱 막혀. '저 두꺼운 책을 언제 다 읽지?'라는 생각부터 들거든. 나는 책을 너무 꼼꼼하게 읽기 때문에 늘 책장 넘기기가 어려워. 그래서 읽는 속도 거의 없어. 어른들은 책을 많이 읽어야 한다고 하더라. 문제 나도 책을 아서 꼼꼼하게 읽어야 했더니 집중도 잘 되고, 정보를 얻어 냈다는 생각에 자신과 생기더라. 계다가 그렇게 조금씩 읽다 보니 책 한 권을다 읽게 되었지 뭐야. 너도 한번 해 봐. 너에게 필요한 내용을 뽑아서 읽는 방법!

( )

(나) 비수야, 안녕. 책 읽기를 시작하는 게 어렵다고? 물론 나도 그런 적이 있지. 그럴 때는 책을 뒤에서부터 읽어 보는 건 어때? 아주 재미있는 여섯자도 물러, 아니면 책의 중간 부분을 잡고 딱 펴 다음에 그곳부터 읽기 시작하는 거야. 처음 보는 글자가 네게게 행운을 가져다줄 거야. 도전해 봐. 아무 데나 펼쳐진 곳부터 읽는 방법!

( )

2 민수가 (가)를 읽는 과정에서 했던 생각을 (나)와 같이 기록하였습니다. (나)에서 민수가 사용한 글 읽기 방법에 대한 이해로 바르지 않은 것은 무엇인가요? (②)

(가) 페니실린은 세균에 의한 감염으로 상처가 곪거나 썩는 것을 방지하는 세계 최초의 항생제입니다. 페니실린으로 제2차 세계 대전 중에 몸에 상처를 입은 수많은 군인이 생명을 구했으며, 금성 폐렴에 걸린 영국 처칠 수상도 목숨을 건졌습니다. "나는 페니실린을 발명하지 않았습니다. 그것은 자연이 만들었고, 나는 우연히 그것을 발견했을 뿐입니다. 그러나 내가 남보다 나았던 점은 그런 현상을 지나치지 않고 세균학자로서 대상을 추적했다는 데 있습니다."

(나) (글을 읽기 전) ⊙어? 이 글은 제목이 없네. 내용에 대해 짐작할 수가 없잖아. 그림 전체 글을 한번 훑어봐야지. (글 전체를 훑어읽은 후) ⊙이 글은 과학 교과서 내용과서 관련되니까 과학 지식을 얻는다 생각하고 꼼꼼히 읽어 봐야겠어. (첫 문단을 읽은 후) ⓒ페니실린? 이게 뭐지? 좀 더 읽어 봐야겠어. (두 번째 문단을 읽은 후) ②이해되지 않는 내용이 나을 때 앞의 내용과 관련지어 내용을 짐작하였다. ⓜ글의 중심 내용을 기억하기 위한 내용 정리 계획을 세워었다.

① ⊙: 글을 본격적으로 읽기 전에 글 전체를 훑어 읽었다.
② ⊙: 여가 시간을 보내기 위한 목적으로 글을 읽었다.
③ ⓒ: 질문을 한 후 글에서 정보를 찾아 스스로 대답하였다.
④ ②: 이해되지 않는 내용이 나을 때 앞의 내용과 관련지어 내용을 짐작하였다.
⑤ ⓜ: 글의 중심 내용을 기억하기 위한 내용 정리 계획을 세웠다.

3 다음 대화를 읽고, 빈칸에 들어갈 알맞은 말을 쓰세요.

나는 어휘력이 부족한 것 같아. 글을 읽을 때 모르는 단어가 너무 많아.

그래? 모르는 단어가 많으면 글 전체를 이해하기 어려울 텐데. 그럼 이렇게 해 봐. 모르는 단어의 뜻을 몰라도 봐. 그렇게 해도 뜻을 모를 때에는 단어의 뜻 가 나올 때는 앞뒤 내용을 참고해서 단어의 뜻을 짐작해 봐. 그렇게 해도 뜻을 모를 때에는 단어의 뜻 을 풀이해 놓은 책인 (사전)을/를 찾아봐.

( )

2 두 글을 비교하며 읽기

두 글을 비교하며 읽기란 서로 다른 입장을 지닌 두 글에 나타난 공통점과 차이점을 파악하며 읽는 것을 의미합니다. 같은 소재의 글이라 하더라도 어떤 글은 긍정적으로, 어떤 글은 부정적으로 다루기도 합니다. 이때 독자는 두 글에서 다루는 생각과 정보에 어떤 차이가 있는지 눈여겨봐야 합니다. 두 글을 비교하며 읽으면, 하나의 생각에만 치우치지 않고 균형적인 시각으로 글을 읽을 수 있습니다. 그리고 어떤 문제에 대한 나만의 해결 방법을 생각해 낼 수도 있습니다.

★ **두 글을 비교하며 읽으려면,**
(1) 두 글의 형식, 내용을 비교하면서 읽습니다.
(2) 소재에 대한 글쓴이의 생각을 비교하면서 읽습니다.
(3) 두 글에서 차이가 나는 정보들을 중심으로 추립니다.
(4) 두 글의 차이점에 대해서 독자 자신은 어떻게 생각하는지 말해 봅니다.

1 다음 글을 읽고 난 뒤 같은 소재의 다른 글을 찾아보려고 합니다. 찾아 읽을 글의 제목으로 알맞지 <u>않은</u> 것에 √표 하세요.

> 명왕성은 행성으로 볼 수 없습니다. 다른 행성들은 자신의 주위를 도는 위성의 영향을 받지 않지만, 명왕성은 위성과 서로 영향을 주고받습니다. 그리고 명왕성은 크기가 매우 작아서 맨눈으로 볼 수 없고 망원경을 통해서만 볼 수 있어요. 반면에 수성, 금성, 화성, 목성, 토성은 맨눈으로 볼 수 있습니다. 이러한 이유들 때문에 더 이상 명왕성을 행성이라 하지 않고, 왜소 행성이라는 다른 이름으로 부르고 있습니다.

(1) 명왕성과 관련된 숨겨진 비밀 ( )
(2) 명왕성과 다른 행성들의 크기 비교 ( )
(3) 명왕성을 행성으로 볼 수 없는 이유 (√)
(4) 명왕성과 다른 행성들이 우주에서 존재하는 방식 ( )

해설 '명왕성을 행성으로 볼 수 없는 이유'는 이 글에서 설명한 내용이므로 찾아 읽을 글의 내용으로 적절하지 않습니다. 다른 선택지는 모두 이 글과 소재는 같지만 다른 내용을 담고 있으므로 함께 찾아 읽을 수 있는 내용입니다.

2 (가)와 (나)를 비교한 내용으로 알맞지 <u>않은</u> 것은 무엇인가요? (③)

> **(가) 예방 주사는 도움이 돼!**
> 예방 주사는 맞아야 합니다. 예방 주사가 무서워서 안 맞는다고요? 주삿바늘이 들어갈 때 잠깐 따끔할 뿐입니다! 예방 주사가 우리에게 주는 도움을 생각하면 그 정도 따끔함은 참을 수 있어야 합니다. 예방 주사는 우리가 병에 걸리지 않도록 도와줍니다. 병에 걸리더라도 잘 견딜 수 있도록 해 주죠. 또 병원에 갈 일을 줄여 주기 때문에 돈도 적게 듭니다. 우리는 예방 주사를 맞아야 합니다.
> – ○○ 소아과 의사, 최○○
>
> **(나) 예방 주사는 위험해!**
> 여러분은 예방 주사가 무서운가요? 저는 예방 주사가 무섭진 않아요! 하지만 예방 주사를 맞았다고 해서 병에 절대 걸리지 않는 건 아니잖아요. 게다가 예방 주사를 맞은 후에 열이 나거나 토하는 등의 부작용도 생길 수 있어요. 예방 주사의 가격 또한 만만치 않죠! 이런 점을 생각하면 예방 주사를 맞지 않는 것이 더 좋을 것 같아요.
> – ○○ 초등학교 5학년 1반, 김○○

① (가)와 (나)는 제목이 서로 반대되는군.
② (가)는 의사가 쓴 글이고, (나)는 학생이 쓴 글이야.
③ (가)는 주장을 마지막 부분에서, (나)는 첫 부분에서 말하고 있어.
④ (가)와 (나)는 예방 주사에 대해 서로 다른 의견을 말하고 있어.
⑤ (가)와 (나)는 예방 주사의 효과와 비용 면에서 다르게 말하고 있어.

해설 (가)는 주장을 첫 부분과 마지막 부분에, (나)는 마지막 부분에 드러내고 있습니다. 따라서 정답은 ③번입니다. 나머지는 모두 옳은 선택지로서 두 글을 비교하며 읽은 사례입니다.

3 다음은 비교하며 읽기 위한 글을 찾을 때 고려해야 할 요소들입니다. 이를 본 학생의 반응으로 알맞은 것에 √표 하세요.

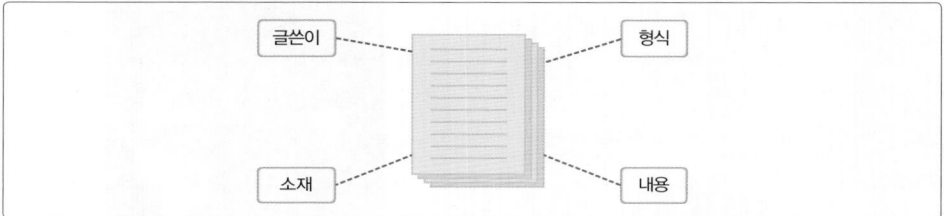

(1) 키 크는 방법에 대해 서로 다른 사람이 쓴 책을 몇 권 찾아서 읽어야겠어. (√)
(2) 김치의 과학적 특성에 대해 같은 사람이 신문과 잡지에 쓴 설명문을 모두 읽으면 되겠군. ( )

해설 같은 글쓴이가 같은 소재에 대해 비슷한 형식으로 쓴 글은 굳이 찾아서 비교하며 읽을 필요가 없으므로, (2)의 반응은 적절하지 않습니다.

해운대 해수욕장 관광객을 어떻게 다 셀까?

STEAM
독해

이 글의 중심 화제는 **인구**입니다. 이와 관련하여 **수학, 사회, 과학, 기술**을 공부해요.
페르미 추정법을 활용한 인구 계산법에 대해 자세히 알아보세요.

▲ 여름 휴가철의 부산 해운대

▲ 엔리코 페르미

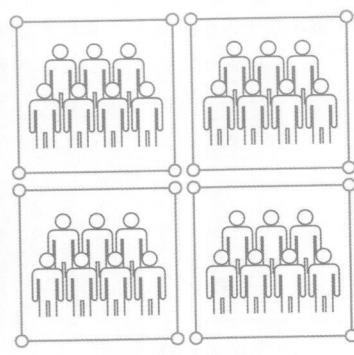

▲ 페르미 추정법

우리나라 부산광역시에 위치한 해운대는 해마다 많은 관광객이 여름 더위를 피해 해수욕을 즐기거나 경치를 즐기기 위해 찾는 우리나라의 대표 관광지입니다. 그래서 우리나라 여름 휴가철 뉴스에는 거의 매년 '오늘 해운대에는 100만 피서객이 찾아 더위를 식혔습니다.'와 같은 기사 내용이 등장합니다. 이때 여러분은 '어떻게 그 많은 사람을 계산했을까?' 하고 궁금해한 적이 없었나요?
➡ 해운대 방문객 수 계산에 대한 의문

인구같이 한 번에 파악하기 힘든 수량을 대략 어림잡을 때 사용하는 대표적인 방법으로 '페르미 추정법'이 있습니다. 페르미 추정법은 노벨 물리학상 수상자인 이탈리아의 물리학자 엔리코 페르미(1901~1954)가 학생들의 사고력을 측정하기 위해 도입한 문제 유형에서 유래했습니다.
➡ 수량을 어림잡을 때 사용하는 방법인 페르미 추정법

페르미 추정법을 사용하여 해운대 해수욕장을 방문한 관광객 수를 계산하는 방법은 다음과 같습니다. 일반적으로 단위 면적당(가로 1m×세로 1m) 인원을 세고 여기에 해수욕장의 넓이를 곱하여 추정하는 것입니다. 그러나 이 방법도 한계는 있습니다. 만약 사람들이 많이 몰려 있는 특정 시간에 백사장같이 인구 밀도가 가장 높은 부분을 측정했다면 실제 숫자보다 더 많은 수가 추정되게 됩니다.
➡ 페르미 추정법으로 해운대 방문객 수를 계산하는 방법

이처럼 '페르미 추정법'을 활용한 인구 계산법은 주관적인 요소가 개입되어 인원이 부풀려지거나 축소될 가능성이 있습니다. 매년 해운대 해수욕장 방문객 수는 관광객 수 경쟁을 하는 다른 지역의 발표에도 영향을 미치곤 했습니다. 지역 간의 관광객 유치 경쟁이 심해지면서 해운대 방문객 수 발표는 늘 '뻥튀기 논란'이 있었습니다. 매년 반복되는 이러한 논란으로 인해, 앞으로 부산 해운대구는 해수욕장 방문객 집계 자료로 정확도가 개선된 '휴대 전화 빅데이터[*] 분석' 결과를 사용하기로 했다고 밝혔습니다.
➡ 페르미 추정법을 활용한 인구 계산법의 문제점

빅데이터 분석 기법은 해수욕장 주변에 있는 휴대 전화 위치 정보 등을 분석해 정확한 방문객 수는 물론 방문객의 성별이나 연령 등을 집계하는 방법입니다. 빅데이터 분석 자료를 보면 해수욕장 방문객의 국적, 거주 지역, 연령대, 시간대별 이동 형태 등을 한눈에 알 수 있게 됩니다. 이를 바탕으로 해수욕장 운영 정책과 해운대 관광 정책에 반영하여 활용할 수 있을 것으로 기대하고 있습니다.
➡ 페르미 추정법의 대안으로 떠오른 빅데이터 분석 기법

* **빅데이터**: 기존의 데이터베이스로는 수집·저장·분석 따위를 수행하기가 어려울 만큼 방대한 양의 데이터.

1 이 글의 내용으로 알맞지 않은 것은 무엇인가요? (③)

① 해운대는 부산광역시에 위치한다.
② 해운대는 우리나라의 대표 관광지이다.
③ 페르미 추정법은 계산이 쉽고 오차가 없는 것이 장점이다.
④ 페르미 추정법을 만든 사람은 이탈리아 출신의 과학자이다.
⑤ 최근 부산광역시는 빅데이터 분석 기법으로 관광객 수를 계산하기로 했다.

해설 ▶ 페르미 추정법은 특정 부분의 통계가 전체를 계산하는 데 영향을 줘서 오차를 키울 수 있다고 하였습니다.

2 〈보기〉의 페르미 추정법을 활용하여 해당 날짜에 해운대 해수욕장을 방문한 방문객 수를 계산해 보세요.

> ● 보기 ●
>
> 페르미가 처음으로 제시했던 추정 문제는 '시카고에 피아노 조율사가 몇 명이나 있을까?'였다고 합니다. 그럼 이 문제에 대해 페르미가 한 추정을 따라가 볼까요? 시카고에 약 500만 명이 살고 한 가구당 인원이 두 명이라고 가정하면, 시카고에는 약 250만 가구가 있는 셈입니다. 이때 대략 20가구마다 정기적으로 조율하는 피아노가 한 대꼴로 있다면, 약 12.5만 대의 피아노가 있다고 할 수 있습니다. 피아노를 보통 1년에 한 번씩 조율하고, 이동 시간을 합쳐 조율사가 한 대를 조율하는 데 2시간 정도 걸린다고 가정해 봅시다. 조율사가 1일 8시간씩 주 5일, 1년에 50주를 일한다고 하면, 1명의 조율사가 1년에 조율하는 피아노 대수는 다음과 같이 계산했을 때 1,000대가 나옵니다.
>
> 50주/년×5일/주×8시간/일×1대/2시간 = 1,000대/년
>
> 이 계산에 따르면 시카고에는 대략 125명의 피아노 조율사가 있을 것임을 추정할 수 있습니다.

> **202×년 8월 3일**
> 정보 ①: 해운대 해수욕장 어느 지점의 인구 밀도가 12명/m²이다.
> 정보 ②: 해운대 해수욕장의 전체 면적은 5만 8,400m²이다.

(70만 800   )명

[해설] 58,400×12 = 70만 800명

3 이 글의 내용을 바탕으로 다음과 같이 피서객 수가 서로 다르게 계산된 이유를 더 찾아 써 보세요.

> 2010년 8월 초, 한 언론사에서는 해운대 해수욕장에 50만 명의 피서객이 방문하였다고 보도하였다. 하지만 또 다른 언론사에서는 45만 명의 피서객이 해운대를 찾았다고 보도하였다.

• 단위 면적당 인구수를 다르게 계산해서

• 단위 면적당 인구수를 센 시점이 달라서

• 해운대 해수욕장 면적 기준이 달라서

[해설] 페르미 추정법은 스스로 가설을 세우고 문제를 해결해 나가는 과정을 익힐 수 있는 추정법입니다. 즉 정해진 명확한 정답이 있는 것이 아니라 논리적으로 합리적인 사고의 과정을 중시하는 질문법이기 때문에 계산하는 과정에서 통계 자료의 기준이나 양의 차이에 따라 결과가 달라질 수 있습니다.

4 우리 주변에서 페르미 추정법을 사용하여 계산해 볼 수 있는 사례를 세 가지 적어 보세요.

[예시 답] 우리 동네 주민 수, 우리 동네 전봇대 수, 우리 동네 문구점 수 등

[해설] 대상의 단위 면적당 분포 정보를 알고, 계산하고자 하는 지역의 면적 정보를 얻을 수 있는 사례라면 뭐든지 가능합니다.

5 다음 글의 내용으로 알맞지 <u>않은</u> 것은 무엇인가요? (①   )

> 보통 페르미 추정법은 짧은 시간 안에 한정된 구역의 인구를 계산하기 위해 주로 사용합니다. 하지만 한 나라의 정확한 인구를 알기 위해서 이 방법을 사용할 경우에는 한계가 있습니다. 우리나라에서는 정확한 인구수를 파악하기 위해 5년마다 인구 주택 총조사를 실시합니다. 이것은 국가가 일정한 시기에, 통일된 기준에 따라 사람과 주택 등 나라 안 중요 부문의 숫자와 특성을 일일이 조사하는 일입니다. 이를 통해 인구·가구·주택의 규모와 지역별 분포를 알아내려는 것입니다. 이를테면 어느 지역에 몇 명의 사람들이 모여 사는지, 변화는 얼마나 되는지를 살피는 것입니다. 그 결과에 따라 국가와 지방 자치 단체는 길을 새로 내고 집을 더 짓는 등 국민들이 살아가는 데 필요한 사업을 벌이게 됩니다. 이렇듯 나라의 자원을 효율적으로 쓰자는 것이 조사의 가장 큰 뜻입니다. 즉 인구 주택 총조사는 나라를 경영하는 데 없어서는 안 될 귀중한 통계 자료를 만드는 일입니다.
>
> 그럼 우리나라에서는 언제부터 인구 조사를 시작했을까요? 여러 역사 자료를 보면 우리나라는 삼국 시대 이전부터 인구 조사를 해 왔고 특히 고려와 조선 시대에는 '호구 조사'라는 이름으로 무척 엄격하게 인구 조사를 실시했다는 것을 알 수 있습니다. 각 집에서 가장이 자기 집의 가족 구성원에 대해 신고서를 작성해 소속 관청에 제출하면 관청에서는 이를 확인한 다음, 한 부는 보관하여 호적을 고치는 자료로 삼고 한 부는 제출한 사람에게 돌려줬는데, 이 서류를 '호구 단자'라고 불렀습니다.

① 우리나라 인구 조사의 역사는 조선 시대부터이다.
② 과거 우리나라의 인구 조사는 '호구 조사'라고 불렸다.
③ 인구 주택 총조사는 국가 경영에 중요한 통계 자료가 된다.
④ 2020년 인구 주택 총조사의 다음번 조사는 2025년에 있다.
⑤ 조선 시대에 사용한 인구 조사 서류를 '호구 단자'라고 불렀다.

[해설] 우리나라 인구 조사의 역사는 삼국 시대 이전부터 찾아볼 수 있습니다.

ERI 지수 578 | 예술 | 음악

○○ 신문   2020년 12월 21일

온라인 공간에서 2020년 겨울밤 수놓은 베토벤 「합창」
서울 시립 교향악단 온라인 콘서트 … 규모 줄이고 마스크 쓴 채 연주해도 깊은 감동

베토벤 탄생 250주년을 맞아 서울 시립 교향악단은 지난 20일 오후 5시 베토벤 「합창」을 온라인 콘서트로 진행하였다. 이번 공연은 마르쿠스 슈텐츠가 지휘를 맡고 국립 합창단이 협연하였으
<small>한 연주자가 다른 연주자나 악단과 함께 연주함.</small>
며, 약 65분간 온라인으로 생중계되었다.
➡ 온라인으로 진행된 서울 시립 교향악단의 공연

「합창」은 연말 클래식 공연에서 꼭 다루어지는 곡이다. 인류애를 담은 가사와 웅장한 소리가 연말 분위기와 잘 어울리기 때문이다. 서울 시립 교향악단 또한 매년 「합창」 공연을 선보여 왔다. 그러나 올해는 코로나19로 인해 대면 공연을 열기 어려운 상황이었다. 이에 올해 「합창」 공연은 무
<small>서로 얼굴을 마주 보고 대함.</small>
관객 온라인 콘서트로 진행하였다.
➡ 공연이 온라인 콘서트로 진행된 까닭

서울 시립 교향악단은 ㉠이번 공연의 규모를 줄였다. 예년*에는 200명 이상이 무대에 올랐지만, 올해는 코로나19의 확산을 막기 위해 64명만이 공연에 참여하였다. 그리고 모든 연주자가 공
<small>흩어져 널리 퍼짐.</small>
연 전에 코로나19 검사를 받고 음성 판정을 받은 뒤 공연을 하였다. 공연 당일에는 모두가 마스크를 쓴 채 악기를 연주하고 노래를 불렀다. (㉡) 연주자와 연주자 사이에 투명 가림막도 설치되었다.
➡ 공연 규모 및 준비 과정

공연이 시작되자 호른 소리 위로 현악기의 소리가 작게 들려왔다. 「합창」의 문이 열리는 순간이었다. 연주는 크레셴도(crescendo)* 효과가 잘 나타나는 1악장, 변화무쌍하게 진행되는 2악장을 거쳐 잔잔한 3악장을 지나 합창으로 진행되는 4악장으로 이어졌다. 4악장에 실린 '환희의 송가'는 모든 인간은 하나로 맺어진다는 내용을 담고 있다. 「합창」의 이러한 가사 내용은 코로나19로 지치고 힘들었을 사람들에게 ㉢그 어느 때보다 더 큰 위로와 감동을 주기에 충분하였다. 참여한 연주자의 수는 적었지만, 원곡의 웅장함이 오롯이 살아 있는 공연이었다.
<small>모자람이 없이 온전하게.</small>
➡ 공연 내용 및 감상

시청자들은 공연이 끝나자 댓글 창에 뜨거운 찬사*를 쏟아 냈다. 이날 서울 시립 교향악단 공연은 동시 시청자가 약 6천 명에 이를 만큼 성공적이었다. 서울 시립 교향악단은 이번 공연을 통해 어려운 시기일수록 마음을 모아 어려움을 이겨 내자는 희망의 메시지를 전달하였다.
➡ 2020년 서울 시립 교향악단의 공연이 갖는 의미
박△△ 기자

* **예년**: 특별하지 않은 보통의 해.
* **크레셴도**: 악보에서, 점점 세게 연주하라는 말.
* **찬사**: 칭찬하거나 찬양하는 말이나 글.

내용 파악하기

1. 이 글의 내용과 일치하지 <u>않는</u> 것은 무엇인가요? (④)

① 베토벤 교향곡 「합창」은 연말 공연에서 자주 연주되는 곡이다.
② 베토벤 교향곡 「합창」의 1악장에는 크레셴도 효과가 잘 나타난다.
③ 2020년 서울 시립 교향악단 「합창」 공연은 희망의 메시지를 전달하였다.
④ 2020년 서울 시립 교향악단 공연장에는 예년보다 더 많은 관객이 모였다.
⑤ 2020년 서울 시립 교향악단 「합창」 공연에서 모든 연주자는 마스크를 착용하였다.

해설 2문단에 따르면 2020년 서울 시립 교향악단의 베토벤 「합창」 공연은 코로나19의 확산을 막기 위해 오케스트라의 규모도 줄이고 관객도 없이 온라인 콘서트로 진행하였습니다.

글의 목적 파악하기

2. 글쓴이가 이 글을 쓴 목적으로 가장 알맞은 것은 무엇인가요? (⑤)

① 코로나19의 위험성을 알리기 위해
② 온라인 콘서트의 개념과 장점을 설명하기 위해
③ 베토벤과 베토벤 음악의 우수성을 알리기 위해
④ 클래식 공연 관람을 많은 사람에게 권하기 위해
⑤ 서울 시립 교향악단의 공연 과정과 의미를 알리기 위해

해설 이 글은 서울 시립 교향악단 공연 후기를 다룬 신문 기사입니다. 이 글에는 코로나19로 인한 어려움 속에서 서울 시립 교향악단이 공연을 위해 애쓴 과정과 공연 상황, 그리고 공연의 의미 등이 담겨 있습니다.

해설 이 글에서는 올해와 예년 공연의 차이점을 중심으로 올해 공연의 규모와 준비 과정을 설명하였습니다. 그리고 올해 공연의 실황을 시간의 순서에 따라 제시하였습니다. 또 공연이 끝나자 온라인 댓글 창에 달린 사람들의 의견이나 동시 시청자 수 등을 근거로 이번 공연이 성공적이었다고 평가하였습니다. 그러나 전문가의 의견을 인용한 부분은 없습니다.

글의 전개 방식 파악하기

3. 이 글에서 글쓴이가 말하고자 하는 내용을 전달하기 위해 사용한 방법이 <u>아닌</u> 것은 무엇인가요?
(④)

① 공연 과정을 시간의 순서대로 설명하였다.
② 올해와 예년 공연의 차이점을 들어 설명하였다.
③ 공연이 성공적이라고 평가하는 근거를 제시하였다.
④ 전문가의 의견을 소개하며 자신의 의견을 뒷받침하였다.
⑤ 올해 공연이 온라인 공연으로 진행된 원인을 설명하였다.

왼쪽 페이지

문맥을 활용하여 추론하기

4. 이 글의 내용을 바탕으로 서울 시립 교향악단이 왜 ㉠과 같은 결정을 하였을지 짐작하여 쓰세요.

코로나19의 전염 우려 때문에 많은 연주자가 한데 모이기 어려워서

해설 ㉠의 뒤에 나오는 '올해는 코로나19의 확산을 막기 위해'라는 구절을 통해 추론할 수 있습니다.

이어 주는 말 파악하기

5. 글의 흐름을 고려할 때, ㉡에 들어가기에 알맞은 것은 무엇인가요? (①)

① 또   ② 비록   ③ 그러나

④ 그래서   ⑤ 그럼에도

해설 ㉡의 앞 문장에는 공연 당일 모든 참가자가 마스크를 썼다는 내용이 제시되어 있습니다. 그리고 ㉡의 뒤 문장에는 연주자 사이에 투명 가림막이 설치되었다는 내용이 제시되어 있습니다. 이는 모두 방역을 위한 조치이며 서로 대등한 내용이므로 ㉡에는 이를 연결해 주는 '또'가 들어가는 것이 알맞습니다.

문맥을 활용하여 추론하기

6. 글쓴이가 ㉢과 같이 말한 까닭으로 가장 알맞은 것은 무엇인가요? (③)

① 공연 규모가 줄었는데도 서울 시립 교향악단이 웅장하고 아름다운 음악을 연주하였기 때문에

② 공연이 매우 아름답게 진행되어 클래식 음악을 좋아하는 사람들에게 만족감을 주었기 때문에

③ 인류애를 강조하는 가사가 코로나19로 지쳐 있을 사람들에게 다 함께 힘을 내자고 위로를 해 주었기 때문에

④ 베토벤이 보여 준 불굴의 의지와 베토벤 음악의 아름다움이 많은 사람의 마음에 큰 감동을 선사하였기 때문에

⑤ 익숙한 멜로디로 시작되어 합창단의 목소리가 더해진 「합창」의 연주 방식이 오늘날에도 파격적인 느낌을 주었기 때문에

해설 ㉢은 「합창」 4악장의 가사 내용 뒤에 제시된 문장입니다. 가사의 내용은 인류애와 관련되어 있습니다. 또 글쓴이는 많은 사람이 현재 코로나19로 인해 힘들어하고 있음을 이야기합니다. 이러한 점을 연결하여 글쓴이가 ㉢과 같이 말한 까닭을 추측해 볼 수 있습니다.

오른쪽 페이지

1 단어 뜻 알기

빈칸에 들어갈 알맞은 단어를 〈보기〉에서 찾아 쓰세요.

• 보기 •

협연   대면   확산   오롯이

1. 이 글에는 당시 저의 감정이 (오롯이) 들어 있습니다.
   뜻 모자람이 없이 온전하게.

2. 내일은 담임 선생님과 첫 (대면)을/를 하는 날이다.
   뜻 서로 얼굴을 마주 보고 대함.

3. 프랑스 혁명은 전 세계에 민주주의의 (확산)을/를 가져왔다.
   뜻 흩어져 널리 퍼짐.

4. 그는 벌써 유명한 피아니스트와 (협연)을/를 할 정도로 능력을 인정받았다.
   뜻 한 연주자가 다른 연주자나 악단과 함께 연주함.

2 관용 표현 알기

다음 글을 읽고, 밑줄 친 사자성어의 뜻풀이를 완성하세요.

산 입구에 도착했을 때 날이 조금 흐렸다. 해가 쨍쨍한 날보다는 등산하기 좋은 날씨였다. 아름다운 경치를 감상하며 중간쯤 오르자 저 위로 산 정상의 모습이 보였다. 산꼭대기에 걸린 구름의 시시각각 변화무쌍(變化無雙)한 모습이 참 아름다웠다.

한자	뜻	음
變	변하다	변
化	되다	화
無	없다	무
雙	쌍	쌍

이 사자성어는 비교할 데가 없을 만큼 심하게 (변하는) 상태를 뜻하는 말입니다.

3 한자어 익히기

다음 한자어를 소리 내어 읽고 빈칸에 따라 써 보세요.

後記
뒤 후   기록할 기

후기(後記): 어떤 일을 겪고 난 뒤에 느낀 점을 쓴 글.
• 오늘 일을 꼭 후기로 남겨 두어야겠어.
• 공연 후기를 담은 기사가 신문에 실렸다.
• 학교 누리 소통망에 올라온 제주도 여행 후기 읽어 봤니?

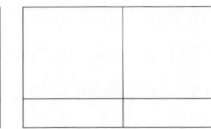
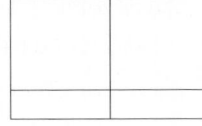
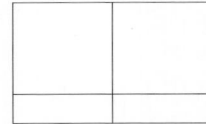

後記
뒤 후   기록할 기

ERI 지수 **584** 예술 | 미술

처음 간 곳에서 갑자기 화장실에 가고 싶을 때 어떻게 하면 화장실을 빨리 찾을 수 있을까? 외국 여행을 갔다가 병이 나서 약을 사고 싶은데 그 나라의 글자를 읽을 수 없다면? 이러한 상황에서 유용하게 활용할 수 있는 것이 바로 픽토그램이다.
어떤 일에 쓸모가 있음.
→ 화제 제시 – 픽토그램

픽토그램이란 어떤 물건이나 시설, 행동 등을 누가 보아도 쉽게 알 수 있도록 표현한 그림 문자이다. 픽토그램은 물건이나 시설, 행동의 핵심적인 요소를 뽑아 전형적이고 단순한 모
사물이나 문제의 가장 중요하고 중심이 되는 것.
양으로 표현한다. 또 약속한 모양을 사용해 많은 사람이 픽토그램의 내용을 쉽게 알아볼 수 있게 만든다. → 픽토그램의 뜻

▲ 픽토그램의 예

픽토그램은 말이나 글자로 소통하기 어려운 장애인, 어린이, 외국인 등에게 중요한 내용을 쉽
생각이나 뜻이 서로 막힘없이 오고 감.
게 전달하는 데 유용하다. 그래서 공항이나 유명 관광지, 공공장소 등에서는 중요한 장소를 표시하거나 행동 방식 등을 나타내기 위해 픽토그램을 사용한다. → 픽토그램의 역할 및 장점 ①

또 중요한 정보를 쉽고 빠르게 전달할 수 있기 때문에 말이나 글자를 잘 이해할 수 있는 사람에게도 유용하다. 예를 들어 교통 표지판에 사용되는 픽토그램은 운전자가 운전에 집중하면서도 꼭 필요한 정보를 빠르고 정확하게 파악할 수 있도록 한다. → 픽토그램의 역할 및 장점 ②

그러나 ㉠어떤 사람들은 픽토그램을 획일적*으로 사용하는 것을 비판하기도 한다. 예를 들어 남자 화장실 픽토그램은 바지를 입은 파란색 사람으로, 여자 화장실 픽토그램은 치마를 입은 빨간색 사람으로 표시한다. 이는 화장실 픽토그램에서 사용하는 남성과 여성의 전형적인 옷차림과 색깔이다. 이러한 화장실 픽토그램은 성에 대한 사람들의 고정 관념*이나 편견을 더 강하게 만든
성질이나 형편 같은 것을 두루 살피지 않고 굳힌 잘못된 생각.
다. 그래서 성 고정 관념을 없앤 새로운 화장실 픽토그램을 제안하는 경우도 있다. 기존과 다른 모양과 색깔을 활용해 남녀 화장실을 표시하는 것이다. 그러나 화장실마다 제각각의 픽토그램을 사용한다면 사용자는 매우 불편할 것이다. 한눈에 남녀 화장실을 구별하기 어려울 수 있기 때문이다. → 픽토그램의 단점

이처럼 픽토그램은 전형적인 모양을 사용해 (㉡)을/를 주는 동시에, 사람들의 (㉢)을/를 강하게 하기도 한다. 마치 동전의 양면과 같은 특성을 가진 것이다. 따라서 누구나 쉽게 정보를 이해할 수 있게 하면서도 사람들의 고정 관념이나 편견을 강하게 만들지 않는 픽토그램을 개발하기 위한 노력이 필요하다. → 픽토그램의 바람직한 개발 방향

* **획일적**: 모두 한결같아서 다름이 없는 것.
* **고정 관념**: 어떤 대상이나 행동에 대해 가지고 있는 확고한 생각.

내용 파악하기

1. 이 글의 내용과 일치하지 **않는** 것은 무엇인가요? (⑤)

① 교통 표지판은 픽토그램의 예 중 하나이다.
② 일반적으로 화장실 픽토그램에서 남자는 파란색으로 표현된다.
③ 픽토그램은 중요한 장소나 행동 방식을 표시하기 위해 사용된다.
④ 픽토그램은 물건이나 시설, 행동의 핵심적인 요소를 뽑아 만든다.
⑤ 픽토그램은 잘 알려진 물건이나 시설을 개성적으로 표현한 그림이다.

해설 픽토그램은 물건이나 시설, 행동의 핵심적인 요소를 뽑아 전형적이고 단순한 모양으로 표현하여 일종의 약속처럼 사용하는 그림입니다.

글의 전개 방식 파악하기

2. 이 글에서 대상을 설명한 방법으로 알맞으면 ○표, 알맞지 않으면 ×표 하세요.

(1) 구체적인 예를 들어 주장을 뒷받침하였다. (○)
(2) 단어의 뜻을 풀어 대상의 특징을 설명하였다. (○)
(3) 대상의 장점과 단점을 검토한 후 주장을 제시하였다. (○)
(4) 대상을 일정한 기준으로 나누어 대상의 특징을 설명하였다. (×)

해설 이 글에서는 픽토그램의 개념과 장점, 단점을 설명한 후 글쓴이의 주장을 제시하고 있습니다. 또 이 과정에서 글쓴이는 화장실 픽토그램의 구체적인 예를 들어 자신의 주장을 뒷받침하였습니다.

논리적인 글에서 주장이나 주제 파악하기

3. 글쓴이가 이 글 전체를 통해 말하고자 하는 바는 무엇인가요? (④)

① 픽토그램은 정보를 쉽고 편리하게 전달해 준다.
② 화장실을 나타내는 픽토그램은 바뀌어야 한다.
③ 픽토그램은 사람들의 고정 관념이나 편견을 심화한다.
④ 픽토그램의 장점을 늘리고 단점을 줄이기 위해 노력해야 한다.
⑤ 말이나 글자를 이해할 수 있는 사람에게 픽토그램은 불필요하다.

해설 이 글의 주제는 맨 마지막 문단에 제시된 글쓴이의 주장에 잘 나타나 있습니다.

글의 내용 적용하기

4. 다음은 장애인 픽토그램에 대한 ㉠의 생각을 나타낸 글입니다. 빈칸에 알맞은 말을 넣어 문장을 완성하세요.

> 장애인 시설이나 구역을 나타내는 픽토그램은 휠체어를 탄 사람의 모습으로 표현된다. 그러나 이러한 그림이 적절한가에 대해서는 다시 한번 생각해 보아야 한다. 왜냐하면 모든 장애인이 (휠체어를 타는 것은 아니기) 때문이다. 따라서 이 그림은 장애인에 대한 고정 관념과 편견을 강하게 만들 수 있다.

해설 ㉠은 전형적인 픽토그램을 획일적으로 사용하는 것이 대상에 대한 사람들의 고정 관념이나 편견을 심화할 수 있다고 주장합니다. 장애인 픽토그램의 경우 장애의 유형이 매우 다양함에도 모든 장애인을 휠체어 탄 사람으로 생각하도록 만들고 있습니다.

생략된 내용 추론하기

5. 글의 흐름을 고려할 때, ㉡과 ㉢에 들어갈 말을 바르게 짝지은 것은 무엇인가요? (④)

	㉡	㉢
①	개성	편견
②	개성	단순함
③	편리함	다양성
④	편리함	고정 관념
⑤	아름다움	고정 관념

해설 ㉡과 ㉢이 속한 문단에서는 픽토그램이 전형성으로 인해 편리함을 주기도 하지만 사람들의 고정 관념이나 편견을 심화하기도 한다는 내용을 추론할 수 있습니다.

중심 내용 파악하기

6. 다음은 이 글을 요약하기 위해 각 문단의 중심 내용을 정리한 표입니다. 알맞은 내용을 넣어 표를 완성하세요.

1문단	픽토그램은 낯선 곳에서 유용하게 활용될 수 있다.
2문단	픽토그램이란 어떤 물건이나 시설, 행동 등을 누가 보아도 쉽게 알 수 있도록 표현한 그림 문자이다.
3문단	픽토그램은 (말이나 글자로 소통하기 어려운 사람)에게 유용하다.
4문단	픽토그램은 말이나 글자를 잘 이해할 수 있는 사람에게도 유용하다.
5문단	픽토그램은 사람들의 고정 관념이나 편견을 키울 수 있다.
6문단	픽토그램의 장점을 살리고 (단점)을/를 줄이는 방향으로 개발해야 한다.

해설 3문단은 픽토그램이 말이나 글자로 소통하기 어려운 사람에게 유용하다는 내용을 담고 있습니다. 그리고 6문단에서는 앞에서 검토한 픽토그램의 장단점을 바탕으로 픽토그램의 장점을 살리고 단점을 줄이기 위한 방안을 마련해야 함을 주장하고 있습니다.

---

1 단어 뜻 알기

빈칸에 들어갈 알맞은 단어를 〈보기〉에서 찾아 쓰세요.

> • 보기 •
> 유용   핵심적   소통   편견

1. 이 책은 여행자에게 매우 (유용)한 내용을 담고 있습니다.
뜻 어떤 일에 쓸모가 있음.

2. 교과서에서 (핵심적)인 내용만 뽑아서 공책에 정리해 보아라.
뜻 사물이나 문제의 가장 중요하고 중심이 되는 것.

3. 프랑스에 갔을 때 프랑스어를 몰라서 사람들과 전혀 (소통)할 수 없었다.
뜻 생각이나 뜻이 서로 막힘없이 오고 감.

4. 다양한 면을 보지 못한 채 그 사람에 대한 심한 (편견)을/를 가지고 있었다.
뜻 성질이나 형편 같은 것을 두루 살피지 않고 굳힌 잘못된 생각.

2 관용 표현 알기

다음 빈칸에 들어갈 알맞은 말을 쓰세요.

> **"무쇠도 갈면 (바늘) 된다"**
>
> 이 속담은 무쇠를 갈아 바늘을 만드는 것처럼, 꾸준히 노력하면 아무리 어려운 일도 이룰 수 있다는 뜻입니다. 고정 관념이나 편견을 강하게 만들지 않으면서 쉽게 이해할 수 있는 픽토그램을 개발하기란 결코 쉽지 않습니다. 하지만 그러한 픽토그램을 개발하기 위해 구준히 함께 노력한다면 이 속담처럼 좋은 결과를 만들어 낼 수 있을 것입니다.

3 한자어 익히기

다음 한자어를 소리 내어 읽고 빈칸에 따라 써 보세요.

文字

文	字
글월 문	글자 자

문자(文字): 한글, 한자 등 인간의 언어를 적는 데 사용하는 기호.
• 문자는 문명을 일으키는 기초가 되었다.
• 선사 시대란 문자가 없었던 역사 이전 시대를 가리킨다.
• 한글은 세계적으로 독창성과 과학성을 인정받는 문자이다.

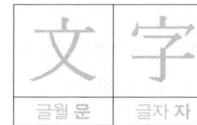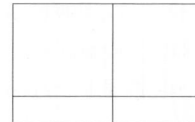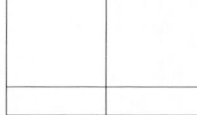

가 오늘 수학 쪽지 시험에서 빵점을 맞았다. 선생님께서 위로해 주시며 수학 공부하는 데 어려움이 있냐고 물으셨다. 정말 죄송하고 부끄러웠다. 어제 날씨가 좋아서 친구랑 신나게 노느라 공부를 전혀 하지 않았다는 말씀을 드리지 못했다. 아, 시험이 없어졌으면 좋겠다. 시험이 없어질 수 없다면 숫자 0이라도 없어졌으면 좋겠다.

➡ 빵점을 맞고 숫자 0이 없어지길 바라는 주영

👍 👎

나 주영이가 노느라 공부를 못 했다고 솔직하게 말하니 선생님은 ⊙안심이 돼. 열심히 공부하면 주영이는 더 잘할 수 있다는 뜻이니까. 그런데 주영아, 숫자 0이 없어지면 정말 좋을까? 선생님 생각엔 숫자 0이 사라지면 상당히 많이 불편할 것 같구나.

➡ 선생님의 격려와 조언

다 어제 블로그에 숫자 0이 사라졌으면 좋겠다고 썼는데, 선생님께서는 그렇게 되면 상당히 불편할 것 같다고 댓글을 달아 주었다. 그럴 것도 같다고 생각하면서 적당히 넘어가려는 찰나, 텔레비전에서 숫자 0에 관한 다큐멘터리가 나왔다. 이것은 운명적! 「문명과 수학」이라는 프로그램이었는데, 거기에서는 숫자 0이 대단한 숫자라고 설명해 주었다.

인간이 어떻게 할 수 없는 힘이나 그것에 의해 미리 정해진 결과. 처지와 관련된 것.
실제로 있었던 어떤 사건을 사실적으로 담은 영상물이나 기록물.

➡ 숫자 0에 대한 다큐멘터리를 보게 된 주영

숫자 0의 고향은 인도라고 한다. 인류는 기원전부터 숫자를 사용해 왔지만, 인도의 숫자가 나오기 전까지는 대부분의 경우 숫자가 필요할 때마다 새로운 글자를 만들어 사용했다. 그러니까 어떤 나라에 인구가 1만 명이 되면 사람들이 '만(10,000)'에 해당하는 글자를, 1억 명이 되면 '억(100,000,000)'에 해당하는 글자를 만들어 쓰는 식이다. 그러면 숫자로 사용하는 글자의 수도 많아진다. 로마 숫자의 경우만 살펴봐도 Ⅰ(1), Ⅴ(5), Ⅹ(10), L(50), C(100), D(500), M(1,000)처럼 5단위로 새로운 글자를 사용한다. (ⓛ) 인도의 숫자는 0부터 9까지 총 10개의 글자로 모든 수를 나타낸다. 그래서 '100,000,000'을 '억'이라고 읽을 줄 몰라도 이것이 1백만보다 1백 배 큰 숫자라는 걸 알 수 있게 한다. 이런 식으로 인도의 숫자는 무한대에 이를 만큼 큰 숫자를 표현할 수 있다. 그리고 이러한 편리함으로 인해 오늘날 전 세계 사람들은 인도 숫자의 질서와 같은 방식으로 숫자를 사용한다.

끝을 알 수 없을 만큼 큼.
혼란 없이 순조롭게 이루어지게 하는 사물의 순서나 차례.

➡ 숫자 0의 탄생과 편리함

이런 똑똑한 질서를 만들 수 있는 것은 바로 '없음'을 나타내는 숫자 0 덕분이라고 한다. 0이 없다면 자릿수가 올라갈 때마다 새로운 글자를 만들어야 한다. 그리고 큰 단위의 숫자를 계산하기도 더 복잡해진다. 그러니까 숫자 0이 없어진다면 (ⓒ) 숫자 0이 없어졌으면 좋겠다는 말은 취소해야겠다.

➡ 숫자 0에 대한 생각이 바뀐 주영

👍 👎

라 주영이가 쓴 것처럼 ⓔ숫자 0은 '없다'라는 뜻이 '있는' 것이야. 신기하지? 이렇게 수학 공부를 열심히 했으니 쪽지 시험에서 빵점을 맞은 게 오히려 더 좋은 계기가 되었네. 하지만 또 빵점을 맞으면 안 되니까 다음 시험에서는 숫자 0의 고마움을 100으로 표현해 보렴.

➡ 선생님의 칭찬과 격려

💡 글의 생산과 수용 맥락 파악하기

1. 이 글에 대한 설명으로 알맞으면 ○표, 알맞지 않으면 ×표 하세요.

(1) **가**와 **다**는 학생이 선생님에게 쓴 글이다. (×)

(2) **나**와 **라**는 선생님이 학생에게 쓴 글이다. (○)

(3) 선생님은 학생의 글에 적절한 조언을 하고 있다. (○)

(4) 학생은 선생님이 쓴 글에 대한 반응을 보여 주었다. (○)

해설 **다**의 '어제 블로그에~', '댓글을 달아 주셨다.'로 볼 때, 이 글의 **가**와 **다**는 주영이가 자신의 블로그에 올린 글이고, **나**와 **라**는 주영이의 블로그에 방문한 선생님이 단 댓글임을 알 수 있습니다. 주영이의 글은 독자를 구체적으로 지정하지 않고 있는 반면, 선생님의 글은 '주영아'라는 호칭을 통해 독자를 구체적으로 지정하고 있습니다. 또 선생님의 글에는 주영이의 글에 대한 반응과 주영이에게 주는 조언이 담겨 있고, 주영이의 글에는 선생님의 글에 대한 반응이 담겨 있습니다.

내용 파악하기

2. 이 글의 내용과 일치하지 <u>않는</u> 것은 무엇인가요? (①)

① 로마 사람들은 0에 해당하는 글자를 포함한 숫자를 사용하였다.

② 주영이는 시험 전날 친구와 노느라 수학 공부를 전혀 하지 않았다.

③ 선생님은 숫자 0이 사라지면 상당히 불편할 것이라고 생각하신다.

④ 주영이는 수학에 관한 다큐멘터리를 보고 숫자 0의 역할에 대해 알게 되었다.

⑤ 인도의 숫자는 10개의 글자만으로 무한대에 이르는 큰 숫자를 표현할 수 있다.

해설 이 글에 따르면 로마 숫자는 5단위로 새로운 글자를 사용합니다. 0에 해당하는 숫자를 사용하지 않은 까닭입니다.

구절의 의미 파악하기

3. 선생님이 ⊙과 같이 말한 까닭은 무엇인가요? (④)

① 세상에서 숫자 0이 사라질 일은 없을 것이므로

② 주영이가 숫자 0에 대해 더 많이 공부하게 되었으므로

③ 주영이가 시험을 못 본 것에 대해 좌절하지 않았으므로

④ 주영이가 앞으로 공부를 열심히 하면 더 잘할 수 있으므로

⑤ 주영이가 시험을 못 봤다는 사실을 솔직하게 말해 주었으므로

해설 다음 문장 '열심히 공부하면 주영이는 더 잘할 수 있다는 뜻이니까.'를 통해 ⊙의 구체적인 의미를 알 수 있습니다.

4. 문장 간의 관계를 고려할 때, ⓒ에 들어가기에 알맞은 말은 무엇인가요? (③)

① 그리고
② 그래서
③ 하지만
④ 그러면
⑤ 그러므로

해설▶ ⓒ 앞 문장은 숫자 0을 사용하지 않는 로마 숫자의 경우를 설명하고 있습니다. 그리고 ⓒ 뒤에는 숫자 0을 사용하는 인도의 숫자에 대해 설명하고 있습니다. 이 둘은 서로 반대되는 의미로 볼 수 있습니다. 따라서 ⓒ에는 '하지만'이 들어가는 것이 적절합니다.

5. ⓒ에 들어가기에 가장 알맞은 문장은 무엇인가요? (②)

① 수학 성적이 더 올라갈 것 같다.
② 수학 공부가 더 어려워질 것 같다.
③ 큰 단위 계산이 더 복잡해질 것 같다.
④ 새로운 글자를 만들 필요가 없을 것 같다.
⑤ 수학 시간에 공부할 내용이 줄어들 것 같다.

해설▶ ⓒ 앞의 설명에서 숫자 0이 없으면 큰 숫자를 표현하기 위해 새로운 글자를 만들어야 하고, 그렇게 되면 큰 단위 숫자를 계산하기도 더 복잡해진다고 하였습니다. 따라서 ⓒ에는 이러한 문제로 말미암은 결과가 제시되어야 합니다.

6. 다음 빈칸에 알맞은 말을 써넣어 ⓔ의 의미를 완성하세요.

> 숫자 0은 (아무것도 없음.)을/를 나타낸다.

해설▶ 선생님은 0이 '없다'라는 뜻을 담아 존재하는 숫자라고 설명하고 있습니다. 즉 0은 '아무것도 없음.'이라는 상태가 '있음.', 다시 말해 아무것도 없음을 나타냅니다.

---

1 단어 뜻 알기

빈칸에 들어갈 알맞은 단어를 〈보기〉에서 찾아 쓰세요.

● 보기 ●

| 다큐멘터리 | 운명적 | 무한대 | 질서 |

1. 그의 창의력은 거의 (무한대)에 가깝다.
뜻 끝을 알 수 없을 만큼 큼.

2. 동물의 세계에도 엄연히 (질서)이/가 있는 법이다.
뜻 혼란 없이 순조롭게 이루어지게 하는 사물의 순서나 차례.

3. 역사적 사실을 담은 (다큐멘터리)은/는 언제나 재미있다.
뜻 실제로 있었던 어떤 사건을 사실적으로 담은 영상물이나 기록물.

4. 약속도 하지 않았는데 만나다니, (운명적) 만남이구나.
뜻 인간이 어떻게 할 수 없는 힘이나 그것에 의해 미리 정해진 결과, 처지와 관련된 것.

2 관용 표현 알기

다음 글을 읽고, 밑줄 친 사자성어의 뜻풀이를 완성하세요.

> 쪽지 시험에서는 빵점을 맞았지만, 그걸 계기로 이렇게 수학 공부를 열심히 하게 되었어. 이런 걸 전화위복(轉禍爲福)이라고 하지. 아주 훌륭해.

한자	뜻	음
轉	바꾸다	전
禍	재앙	화
爲	되다	위
福	복	복

이 사자성어는 재앙, 근심, 걱정 등과 같은 나쁜 일이 바뀌어 오히려 (좋은 일(복))이/가 되는 상황을 가리키는 말입니다.

3 한자어 익히기

다음 한자어를 소리 내어 읽고 빈칸에 따라 써 보세요.

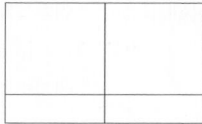

셈 수 / 배울 학

수학(數學): 수와 공간의 성질을 연구하는 학문.
• 나는 커서 수학을 전공하고 싶어.
• 그 학자는 새로운 수학 공식을 발견하였다.
• 수학 공부는 조금 어렵지만 무척 재미있습니다.

셈 수 / 배울 학

ERI 지수 578 예술 | 체육

영화 「빌리 엘리어트」는 춤을 통해 자신의 꿈을 당당하게 펼치는 소년의 이야기이다. 1984년,
(다른 사람 앞에 내세울 만큼 모습이나 태도가 떳떳하게.)
영국 더럼의 어느 탄광 마을에 사는 빌리는 우연히 발레 수업에 참여하고 난 뒤 발레의 매력에 점
점 빠져든다. 그러나 '아빠'와 '형'을 비롯한 주변 사람들은 남자는 발레를 하면 안 된다며 빌리를
말린다. 그렇지만 빌리는 가족과 주변의 반대를 이겨 내고 국립 발레 학교 오디션에 합격하여 결
국 멋진 발레리노*가 된다.　　　　　　　　　　　　　　　➡ 영화 「빌리 엘리어트」 줄거리

영화에는 ㉠'아빠의 세계'와 ㉡'빌리의 세계'가 그려진다. '아빠의 세계'에서는 탄광이라는 일터
와 동료와의 의리가 중요하게 여겨지고, 남자의 일과 여자의 일이 명확하게 나뉘어 있다. 또 전통
을 벗어나는 행동은 비난받거나 놀림감이 된다. 빌리가 발레 수업을 받고 있다는 것을 알게 된 아
빠는 빌리에게 "㉢남자들은 축구나 권투나 레슬링을 하는 거야. 발레는 남자가 하는 게 아니야."
라고 단호하게 말한다.　　　　　　　　　　　　　　　　➡ 영화 속 '아빠의 세계'
(말투나 행동에 맺고 끊음이 분명하게.)

그러나 빌리는 아빠에게 "발레가 어때서요? 지극히 정상적이에요."라고 말한다. '빌리의 세계'
에서는 자신이 좋아하는 것 자체를 인정한다. 그래서 빌리는 자신이 좋아하고 잘할 수 있는 발레
에 최선을 다한다.　　　　　　　　　　　　　　　　　➡ 영화 속 '빌리의 세계'

아빠의 세계에서 빌리는 '미운 오리 새끼'였을 것이다. 그러나 빌리는 자신이 발레를 얼마나 사
랑하는지를 아빠 앞에서 당당히 드러냈고, 결국 아빠는 빌리가 발레를 하도록 돕게 된다. 국립
발레 학교 오디션에서 심사 위원은 빌리에게 "너는 춤을 출 때 어떤 기분이 드니?"라고 질문한다.
그러자 빌리는 "모르겠어요. 그냥 기분이 좋아요. 긴장되기도 하지만 일단 춤을 추기 시작하면 모
든 걸 잊어버려요. …… 그저 한 마리의 새가 되어 나는 것 같아요."라고 대답한다. 다른 것은 모
두 잊어버리게 만드는 발레의 매력이 바로 빌리가 '백조'가 될 수 있게 만든 원동력이었다. 영화의
(어떤 일을 이루는 데 바탕이 되는 힘.)
마지막 장면에서 빌리는 훌쩍 자라 「백조의 호수」 공연에서 백조 역할을 맡아 멋진 춤을 보여 준
다. 빌리가 발레리노로 훌륭하게 성장한 모습을 보여 주며 영화는 막을 내린다. ➡ 발레를 통해 성장한 빌리
(훨씬 더 커진 모양.)

나는 영화를 보며 어른이 된다는 것은 사회적 편견과 따가운 시선을 두려워하지 않고 자신이
좋아하는 일을 향해 가는 것이라는 생각을 했다. 있는 그대로의 '나'를 인정하고 내가 좋아하는 일
에 집중해서 자신을 맡겨 보는 시간, 그것이 바로 어른이 되는 데 꼭 필요한 과정이 아닐까? ㉣어
쩌면 누구나 백조가 되기를 기다리는 미운 오리 새끼일지도 모르겠다는 생각이 들었다. 각양각색
의 개성을 가진 예쁜 오리 말이다. 우리 반 친구들은 이 영화를 어떻게 보았고, 내 글을 어떻게 읽
을지도 궁금하다. 온라인 학급 게시판에 올라온 다른 친구들의 글도 꼼꼼히 읽어 보아야겠다.
　　　　　　　　　　　　　　　　　　　　　　　　➡ 영화에 대한 '나'의 감상

* **발레리노**: 발레를 하는 남자 무용수. 참고로 발레를 하는 여자 무용수는 발레리나임.

내용 파악하기

1. 이 글의 내용과 일치하지 <u>않는</u> 것은 무엇인가요? (　④　)

① 영화에서 빌리는 우연히 발레 수업에 참여하게 된다.

② 영화에서 빌리는 발레를 할 때 자신이 새가 된 것 같이 느낀다.

③ 영화의 앞부분에서 빌리의 아빠는 빌리가 발레를 하는 것에 반대한다.

④ 영화에서 빌리는 국립 발레 학교 오디션에 불합격하여 발레를 포기한다.

⑤ 영화 「빌리 엘리어트」는 1980년대 영국의 어느 탄광 마을을 배경으로 한다.

> **해설** 이 글에 따르면, 영화에서 빌리는 국립 발레 학교 오디션에 합격하여 결국은 훌륭한 발레리노가 됩니다.

예상 독자 파악하기

2. 이 글의 예상 독자를 쓰고, 어느 부분을 통해 알 수 있었는지 찾아 쓰세요.

이 글의 예상 독자	같은 반 친구들
알 수 있는 부분	우리 반 친구들은 이 영화를 어떻게 보았고, 내 글을 어떻게 읽을지도 궁금하다.

> **해설** 이 글의 마지막 문단에서 글쓴이는 자신의 글이 반 친구들에게 공유될 것임을 밝히고 있습니다. 이를 통해 이 글의 예상 독자는 같은 반 친구들임을 알 수 있습니다.

> **해설** 이 글에 따르면 ㉠'아빠의 세계'와 ㉡'빌리의 세계'는 빌리의 꿈에 대해 서로 대립되는 관점을 나타냅니다. 이는 우리 사회에 남아 있는 성 역할에 대한 전통적인 관점과 새로운 관점 간의 대립을 반영하는 것입니다. '아빠의 세계'에서는 빌리가 발레를 하는 것에 반대하지만, 결국 빌리는 이러한 반대를 이겨 내고 자신의 꿈을 이루게 됩니다. 여기에서 '아빠의 세계'는 '빌리의 세계'를 억압하는 요소가 되고, 이로 인해 빌리의 성공이 더욱 돋보일 수 있습니다.

문맥을 활용하여 추론하기

3. 영화 속 ㉠과 ㉡에 대한 이해로 알맞지 <u>않은</u> 것은 무엇인가요? (　④　)

① ㉠은 ㉡이 겪는 어려움의 이유가 된다.

② ㉠은 ㉡의 성공을 더 빛나게 만들어 준다.

③ ㉠과 ㉡은 세상에 대해 대립되는 관점을 보여 준다.

④ ㉠과 ㉡은 남녀의 역할에 대한 전통적인 생각을 따른다.

⑤ ㉠과 ㉡은 영화의 관객이 경험할 수 있는 세상의 모습을 보여 준다.

주장의 전제 파악하기

4. ⓒ과 같이 생각하는 사람들이 할 수 있는 말을 모두 찾아 √표 하세요.

(1) 남녀의 차이보다 개성이 더 중요하다. ( )

(2) 남자가 할 일과 여자가 할 일은 따로 있다. (√)

(3) 남자는 신체적으로 거친 활동을 잘해야 한다. (√)

(4) 자신이 좋아하는 운동을 즐기는 일이 무엇보다 중요하다. ( )

> **해설** ⓒ은 남녀가 해야 하거나 할 수 있는 일이 구별된다는 주장입니다. 이러한 주장에는 개성보다는 개인이 속한 성별에 기대되는 역할이 더 중요하다는 생각이 전제되어 있습니다.

표현의 의미 추론하기

5. 〈보기〉를 참고하여 ⓔ의 '백조'는 어떤 사람을 가리키는지 짐작해 쓰세요.

> • 보기 •
>
> ⓔ의 '미운 오리 새끼': 널리 인정받지 못하는 일을 좋아하는 사람

➡ ⓔ의 '백조': 편견을 깨고 자기가 좋아하는 일을 하여 사회적으로 인정받은 사람

> **해설** ⓔ의 '미운 오리 새끼'는 꿈을 이루기 전의 빌리를, '백조'는 가족과 주변의 반대를 이겨 내고 멋진 발레리노가 된 빌리를 비유적으로 표현한 것입니다. 이를 일반화하면 '미운 오리 새끼'는 사회적으로 인정받기 어려운 일을 좋아하는 사람을, '백조'는 편견을 깨고 자기가 좋아하는 일을 하여 사회적으로 인정 받은 사람을 뜻한다고 볼 수 있습니다.

> **해설** 예상 독자가 달라지면 글의 내용, 구성, 문체, 표현 등도 달라져야 합니다. ① 어른을 대상으로 하는 글이므로 문체를 바꾸어 높임말을 쓰는 것은 적절한 계획입니다. ②, ③, ⑤ 자녀의 장래 희망을 놓고 갈등하는 어른이면 관심 있을 만한 내용들이므로 적절한 계획입니다. 그러나 예상 독자인 어른을 원망하며 강하게 비판하면 글의 내용을 효과적으로 전달하기 어렵습니다. 예상 독자가 글쓴이에게 강한 비판을 받는다고 느끼면 글의 내용을 충분히 이해하려고 하지 않을 것이기 때문입니다.

글의 예상 독자 바꾸어 표현하기

6. 이 글의 글쓴이는 예상 독자를 '자녀의 장래 희망을 놓고 갈등하는 어른'으로 바꾸어 쓰고자 합니다. 글쓴이가 세운 계획 중 알맞지 <u>않은</u> 것은 무엇인가요? (④)

① 어른을 대상으로 하는 것이니 높임말을 써야겠어.

② 자녀를 있는 그대로 인정할 때 자녀가 행복하다는 점을 강조해야겠어.

③ 주변 사람들의 조롱과 비난에 '빌리'가 얼마나 괴로워했는지 써야겠어.

④ 어른들은 자녀가 원하는 것을 모른다고 원망하며 강하게 비판해야겠어.

⑤ 영화 속 '아빠'의 변화를 자세히 써서 '아빠'의 결정이 얼마나 멋진지 드러내야겠어.

---

1 단어 뜻 알기

빈칸에 들어갈 알맞은 단어를 〈보기〉에서 찾아 쓰세요.

> • 보기 •
>
> 당당하게   단호하게   원동력   훌쩍

1. 방학 동안 못 본 사이에 키가 (훌쩍) 컸구나.
> 뜻 훨씬 더 커진 모양.

2. 독서는 그가 창의적인 생각을 하는 데 (원동력)이/가 되었다.
> 뜻 어떤 일을 이루는 데 바탕이 되는 힘.

3. 몇 번을 부탁했지만, 형은 내 부탁을 (단호하게) 거절하였다.
> 뜻 말투나 행동에 맺고 끊음이 분명하게.

4. 그는 (당당하게) 세계 무대에 진출하여 자신의 기량을 마음껏 뽐냈다.
> 뜻 다른 사람 앞에 내세울 만큼 모습이나 태도가 떳떳하게.

2 관용 표현 알기

다음 글을 읽고, 밑줄 친 사자성어의 뜻풀이를 완성하세요.

같은 동화책을 읽거나 같은 영화를 보고도 사람들은 다양하게 생각하고 느낀다. 사람들의 지식이나 경험 등이 <u>각양각색(各樣各色)</u>이기 때문이다. 그렇기 때문에 같은 작품을 감상하고 나서 사람들과 이야기를 나누는 일은 언제나 기대되고 즐겁다.

한자	뜻	음
各	각각	각
樣	모양	양
各	각각	각
色	빛	색

이 사자성어는 각기 다른 여러 가지 모양과 빛깔이라는 뜻으로, 사람들의 겉모습이나 생각, 느낌 등이 (다양함)을/를 뜻하는 말입니다.

3 한자어 익히기

다음 한자어를 소리 내어 읽고 빈칸에 따라 써 보세요.

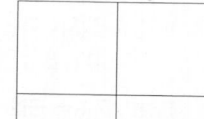

이룰 성	어른 장

성장(成長): 사람이나 동식물 등이 자라서 점점 커짐.
• 식물은 햇빛을 받아야 잘 성장한다.
• 청소년기의 아이들은 매우 빠르게 성장한다.
• 개구리의 성장 과정을 관찰하는 일은 참 즐겁다.

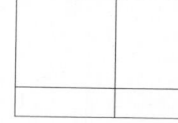

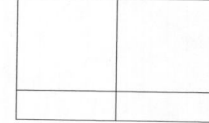

이룰 성	어른 장

05회 읽기 방법 익히기

1 논리적인 글에서 주장이나 주제 파악하기

모든 글은 나름의 논리적인 질서에 따라 구성되지만, 적절한 이유와 근거를 들어 자신의 주장을 내세우는 글에서는 논리적인 짜임이 특히 중요합니다. 이런 글을 읽을 때는 사실과 의견을 구별하여 글에 나타난 주장이나 주제가 무엇인지 파악해야 합니다.

★ 논리적인 글에서 주장이나 주제를 파악하려면,

(1) 제목이나 삽화(그림)를 통해 무엇에 관한 글인지 추측합니다.

(2) 사실과 의견을 구별하면서 읽습니다. 사실은 '실제로 있거나 있었던 일에 대한 설명'을, 의견은 '대상에 대한 생각'을 말합니다.

(3) 글에서 찾은 의견을 모아 비교하면서 글쓴이의 주장이 무엇인지 생각합니다. 글쓴이의 주장은 의견을 나타내는 여러 문장을 두루 포함하거나 의견을 나타내는 문장을 바탕으로 한 결론에 해당합니다.

[1~5] 다음 글을 읽고, 물음에 답하세요.

①최근 들어 매장에 방문하지 않고 배달 서비스를 이용해 식사를 해결하는 사람들이 늘고 있다. ②통계청이 발표한 '2020년 연간 온라인 쇼핑 동향'에 따르면, 음식 서비스 배달 이용 금액은 2019년에 비해 2배 이상(109.1%) 증가하였다.

③배달 음식 이용 증가는 플라스틱 일회용 용기 사용 증가로 이어지고 있다. ④이는 음식점과 소비자가 회수의 번거로움과 위생상의 이유를 들어 일회용 용기 사용을 선호하기 때문으로 보인다. ⑤환경부에 따르면, 2020년 우리나라의 생활 쓰레기 발생량은 11.2%, 플라스틱 폐기물 발생량은 13.7% 증가하였다.

⑥플라스틱 쓰레기는 자연적으로 분해되는 데 500년 이상이 걸린다. ⑦한번 버려진 플라스틱 쓰레기는 땅속이나 바다에서 작은 알갱이로 쪼개져 자연을 오염시킨다.

⑧따라서 우리는 지금부터라도 플라스틱 쓰레기를 줄이기 위해 노력해야 한다. ⑨우리가 일상에서 쉽게 실천할 수 있는 방안에는 다회용* 용기를 활용하여 음식을 포장하거나 다시 채울 수 있는 용기에 화장품이나 세제 등을 담아 이용하는 것 등이 있다.

* 다회용: 여러 번 쓰고 버림. 또는 그런 것.

---

1 이 글의 내용과 일치하지 않는 것은 무엇인가요? (③)

① 플라스틱 쓰레기는 자연을 오염시킨다.
② 최근 배달 서비스를 이용하는 사람들이 늘고 있다.
③ 플라스틱 쓰레기를 줄이기 위해 우리가 할 수 있는 일은 없다.
④ 플라스틱 쓰레기는 자연적으로 분해되는 데 500년 이상이 걸린다.
⑤ 배달 음식 이용 증가는 플라스틱 일회용 용기 사용 증가로 이어진다.

해설 4문단에서 글쓴이는 플라스틱 쓰레기를 줄이기 위해 우리가 할 수 있는 일을 몇 가지 소개하였습니다.

2 이 글의 각 문장을 '사실', '의견'으로 나누어 각 문장 앞에 표시된 번호를 쓰세요.

사실	의견
(① , ② , ③ , ⑤ , ⑥ , ⑦)	(④ , ⑧ , ⑨)

해설 '사실'은 객관적으로 증명이 가능하며 정보를 전달하는 목적을 가진다는 점, '의견'은 글쓴이의 생각이 드러나며 주장하는 목적을 띤다는 점을 고려하여 사실과 의견을 구분할 수 있습니다.

3 2에서 '의견'으로 표시한 문장의 주요 내용을 아래 표에 자유롭게 정리해 보세요.

문장 번호	주요 내용
④	회수의 번거로움과 위생상의 이유 → 일회용 용기 사용 선호
⑧	플라스틱 쓰레기를 줄이자.
⑨	플라스틱 쓰레기를 줄이기 위한 실천 방안

해설 내용을 정리할 때는 화살표 등과 같은 기호를 사용하여 간략하게 적어도 좋습니다.

4 3에서 정리한 내용 중 이 글의 결론에 해당하는 문장의 번호를 쓰세요.

(⑧)

해설 의견을 나타내는 여러 문장의 내용을 두루 포함하는 ⑧이 이 글의 결론에 해당하는 문장입니다.

5 4에서 고른 문장의 내용을 참고하여 이 글의 주제를 한 문장으로 쓰세요.

<u>우리는 플라스틱 쓰레기를 줄이기 위해 노력해야 한다.</u>

해설 글쓴이는 플라스틱 쓰레기의 문제점을 제시하며 우리가 지금부터라도 플라스틱 쓰레기를 줄이기 위해 노력해야 한다고 하였습니다.

글쓴이가 글쓰기 계획을 세우면서 미리 생각해 두는 읽는 이를 예상 독자라고 합니다. 글쓴이는 글을 쓰기 전에 자신의 글을 누가 읽을지, 즉 예상 독자가 누구인지를 생각해야 합니다. 누가 읽을지에 따라 어떤 내용을 어떻게 표현할지가 달라지기 때문입니다.

예상 독자는 글을 쓸 때뿐만 아니라 글을 읽을 때도 중요한 역할을 합니다. 글을 읽으면서 글쓴이가 생각한 예상 독자가 누구인지를 파악하면 글쓴이의 의도를 더 분명하게 이해할 수 있기 때문입니다. 또 주어진 글을 활용하여 예상 독자를 바꾸어 표현함으로써 글 이해를 심화하고, 표현 능력을 기를 수 있습니다.

★ **글의 예상 독자를 바꾸어 표현하려면,**
(1) 주어진 글에서 글쓴이가 생각한 예상 독자가 누구인지를 파악합니다.
(2) 바꾸고자 하는 예상 독자의 나이, 지적 수준, 관심사 등을 생각합니다.
(3) (2)에서 생각한 점을 바탕으로 내용의 어려운 정도와 표현의 친근함 정도를 조정합니다.

1 다음 글을 읽고, 물음에 답하세요.

> 한 해를 보내고 새해를 맞이하는 요즘, 새해 계획을 대신하여 자서전을 한번 써 보는 건 어떨까요? 훌륭한 사람도 아니고 어른들보다 살아온 기간이 길지도 않은데, 자서전을 쓸 수 있느냐고요? 어린이 여러분, 자서전 쓰기는 자기 삶을 돌아볼 수 있는 좋은 계기가 됩니다. 꼭 위인이나 유명한 사람, 나이가 많은 어른들만 자서전을 쓸 수 있는 것은 아닙니다. 자서전을 통해 자신이 지금까지 어떻게 살아왔는지를 정리함으로써 앞으로 어떻게 살아야 할지 의미 있게 생각해 볼 수 있습니다.

(1) 이 글의 예상 독자는 누구인지 찾아 쓰세요.

(어린이)

(2) 이 글의 어떤 표현을 보고 (1)처럼 생각하였는지 찾아 쓰세요.

어린이 여러분

> 해설 ▶ 제시문은 자서전의 기능을 설명하면서 자서전을 써 볼 것을 권유하는 내용으로 되어 있습니다. 글쓴이는 예상 독자를 어린이로 설정하여, 자서전에 대해 어린이들이 가지고 있을 일반적인 편견을 반박하면서 내용을 전개하고 있습니다.

[2~3] 다음 글을 읽고, 물음에 답하세요.

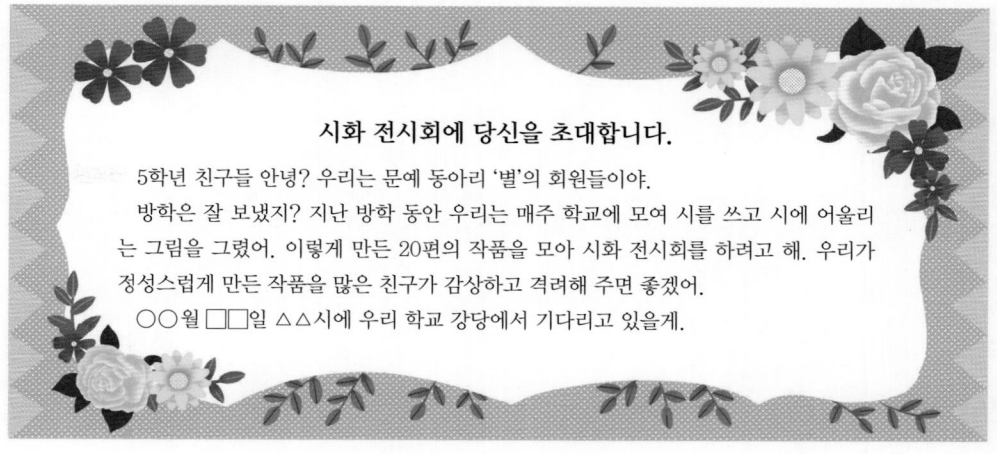

> **시화 전시회에 당신을 초대합니다.**
>
> 5학년 친구들 안녕? 우리는 문예 동아리 '별'의 회원들이야.
>
> 방학은 잘 보냈지? 지난 방학 동안 우리는 매주 학교에 모여 시를 쓰고 시에 어울리는 그림을 그렸어. 이렇게 만든 20편의 작품을 모아 시화 전시회를 하려고 해. 우리가 정성스럽게 만든 작품을 많은 친구가 감상하고 격려해 주면 좋겠어.
>
> ○○월 □□일 △△시에 우리 학교 강당에서 기다리고 있을게.

2 이 글의 글쓴이가 생각하는 예상 독자는 누구인지 쓰세요.

(5학년 친구들)

> 해설 ▶ 첫 문장의 '5학년 친구들'이라는 표현을 통해 알 수 있습니다.

3 이 글의 예상 독자를 부모님으로 바꾸어 쓰려고 합니다. 계획으로 알맞지 않은 것에 ✔표 하세요.

(1) 어른들을 초대하는 글이니 높임말을 써야겠어. ( )
(2) 우리가 방학 동안 얼마나 열심히 준비했는지 강조해야겠어. ( )
(3) '시화', '문예'와 같은 말은 어려울 수 있으니 쉬운 말로 풀어 써야겠어. (✔)
(4) 부모님은 잘 모르실 테니 우리 학교 강당의 위치를 자세히 설명해야겠어. ( )

> 해설 ▶ 예상 독자를 어린이에서 어른으로 바꾸어 쓸 때는 어른이 이해할 수 있고 관심을 가질 만한 내용과 표현을 사용해야 합니다. 그런데 '시화', '문예'와 같은 말은 어린이보다 어른들이 더 잘 알 수 있는 어휘이므로 이를 쉬운 말로 바꿀 필요는 없습니다.

MEMO

정답과 해설

★ 주차별 읽기 방법을 생각하며 읽으면 더 큰 학습 효과를 얻을 수 있습니다.

5단계 기본 — ❸ 주차 학습 중 —

다양한 읽기 방법 적용하며 읽기

두 글을 비교하며 읽기

5단계 기본 — ❹ 주차 학습 중 —

논리적인 글에서 주장이나 주제 파악하기

글의 예상 독자 바꾸어 표현하기

논리적인 글에서 주장이나 주제 파악하기

모든 글은 나름의 논리적인 질서에 따라 구성되지만, 적절한 이유와 근거를 들어 자신의 주장을 내세우는 글에서는 논리적인 짜임이 특히 중요합니다. 이런 글을 읽을 때는 사실과 의견을 구별하여 글에 나타난 주장이나 주제가 무엇인지 파악해야 합니다.

★ 논리적인 글에서 주장이나 주제를 파악하려면,
❶ 제목이나 삽화(그림)를 통해 무엇에 관한 글인지 추측합니다.
❷ 사실과 의견을 구별하면서 읽습니다. 사실은 '실제로 있거나 있었던 일에 대한 설명'을, 의견은 '대상에 대한 생각'을 말합니다.
❸ 글에서 찾은 의견을 모아 비교하면서 글쓴이의 주장이 무엇인지 생각합니다. 글쓴이의 주장은 의견을 나타내는 여러 문장을 두루 포함하거나 의견을 나타내는 문장을 바탕으로 한 결론에 해당합니다.

다양한 읽기 방법 적용하며 읽기

다양한 읽기 방법 적용하며 읽기는 독자가 읽기 목적, 읽기 과정, 읽기 상황에 따라 알맞은 읽기 방법을 활용하여 글을 읽는 것을 말합니다. 예를 들면 글을 읽기 전에는 제목이나 차례를 통해 관련 경험이나 지식을 떠올려 보고, 글을 읽는 중에 이해가 잘 안 되는 내용이 있으면 다시 한번 읽습니다. 또 글을 다 읽은 후에는 글의 전체 내용을 정리해 볼 수 있습니다. 이러한 방식으로 글을 읽으면 글에 대한 독자 자신의 이해 정도를 스스로 점검할 수 있고, 글을 능동적으로 읽는 태도를 기를 수 있습니다.

★ 다양한 읽기 방법을 적용하며 글을 읽으려면,
❶ 학습, 여가 등의 읽기 목적에 따라 알맞은 읽기 방법을 적용합니다.
❷ 읽기 전, 중, 후 등의 읽기 과정에 따라 알맞은 읽기 방법을 적용합니다.
❸ 독자가 처한 상황에 따라 알맞은 읽기 방법을 적용합니다.

글의 예상 독자 바꾸어 표현하기

글쓴이가 글쓰기 계획을 세우면서 미리 생각해 두는 읽는 이를 예상 독자라고 합니다. 글쓴이는 글을 쓰기 전에 자신의 글을 누가 읽을지, 즉 예상 독자가 누구인지를 생각해야 합니다. 누가 읽을지에 따라 어떤 내용을 어떻게 표현할지가 달라지기 때문입니다.

예상 독자는 글을 쓸 때뿐만 아니라 글을 읽을 때도 중요한 역할을 합니다. 글을 읽으면서 글쓴이가 생각한 예상 독자가 누구인지를 파악하면 글쓴이의 의도를 더 분명하게 이해할 수 있기 때문입니다. 또 주어진 글을 활용하여 예상 독자를 바꾸어 표현함으로써 글 이해를 심화하고, 표현 능력을 기를 수 있습니다.

★ 글의 예상 독자를 바꾸어 표현하려면,
❶ 주어진 글에서 글쓴이가 생각한 예상 독자가 누구인지를 파악합니다.
❷ 바꾸고자 하는 예상 독자의 나이, 지적 수준, 관심사 등을 생각합니다.
❸ ❷에서 생각한 점을 바탕으로 내용의 어려운 정도와 표현의 친근함 정도를 조정합니다.

두 글을 비교하며 읽기

두 글을 비교하며 읽기란 서로 다른 입장을 지닌 두 글에 나타난 공통점과 차이점을 파악하며 읽는 것을 의미합니다. 같은 소재의 글이라 하더라도 어떤 글은 긍정적으로, 어떤 글은 부정적으로 다루기도 합니다. 이때 독자는 두 글에서 다루는 생각과 정보에 어떤 차이가 있는지 눈여겨봐야 합니다. 두 글을 비교하며 읽으면, 하나의 생각에만 치우치지 않고 균형적인 시각으로 글을 읽을 수 있습니다. 그리고 어떤 문제에 대한 나만의 해결 방법을 생각해 낼 수도 있습니다.

★ 두 글을 비교하며 읽으려면,
❶ 두 글의 형식, 내용을 비교하면서 읽습니다.
❷ 소재에 대한 글쓴이의 생각을 비교하면서 읽습니다.
❸ 두 글에서 차이가 나는 정보들을 중심으로 추립니다.
❹ 두 글의 차이점에 대해서 독자 자신은 어떻게 생각하는지 말해 봅니다.